시편에
설레다

시편에 설레다

2025년 6월 9일 교회인가
2025년 8월 20일 1판 1쇄 발행
2026년 1월 5일 1판 5쇄 발행

지은이 | 임미숙
펴낸이 | 이은아
펴낸곳 | 바오로딸

01166 서울 강북구 오현로7길 34
등록 | 제7-5호 1964년 10월 15일
전화 | 02) 944-0800 팩스 | 987-5275

취급처 | 중앙보급소
전화 | 02) 984-3611 팩스 | 984-3612

값 14,000원

이메일 | edit@pauline.or.kr
인터넷 서점 | www.pauline.or.kr 02) 944-0944
ISBN 978-89-331-1581-7 03230

이 책에는 을유1945체를 사용했습니다.

시편에
설레다

임미숙 지음

바오로딸

여는 글

오래전 시편을 처음 읽었을 때가 기억납니다. 너무 솔직해서 놀랐고, 너무 아름다워서 당황했었지요.

시편은 신앙인의 정서와 삶을 가장 진실하게 담아낸 책입니다. 슬픔과 고통, 기쁨과 절박함이 어우러져 탄식이 되고 찬양이 되며, 감사로 이어집니다. 시편을 가만히 들여다보면 우리가 경험하는 온갖 감정의 흐름이 고스란히 담겨있습니다. 또한 인생에 대한 깊은 통찰이 큰 울림을 선사할 뿐 아니라 '있는 그대로의 모습으로 하느님 앞에 서있는 인간'의 모습을 보여주기에, 시편은 성경에서 가장 인간적이면서도 가장 신학적인 책이라 할 수 있습니다.

고대의 기도이자 오늘 우리의 기도인 시편은, 때로는 우리 대신 울어주고, 우리 대신 하느님께 따지기도 하며, 함께 주님을 찬양하자고 우리를 초대하기도 합니다. 바로 그러한 시편 속에 깃든 영혼의 노래와 기도의 온기를 독자 여러분과 함께 나누고 싶었습니다.

원고를 집필하고 책으로 출판하기까지의 여정은 하느님의 이끄심을 깊이 체험하는 시간이었습니다. 그동안 아낌없는 격려와 배려로 함께해 주신 툿찡 포교 베네딕도회 수녀님들과 원고를 교정해 주신 분들께 감사의 마음을 전합니다.

부디… 시편에 설레는 시간 되시길 바랍니다.

2025년 베네딕도 성인 축일

임미숙 엘렉타 수녀

차례 •••

시편 1편

1 행복하여라!
악인들의 뜻에 따라 걷지 않고
죄인들의 길에 들지 않으며
오만한 자들의 자리에 앉지 않는 사람,

2 오히려 주님의 가르침을 좋아하고
그분의 가르침을 밤낮으로 되새기는 사람.

3 그는 시냇가에 심겨
제때에 열매를 내며
잎이 시들지 않는 나무와 같아
하는 일마다 잘되리라.

4 악인들은 그렇지 않으니
바람에 흩어지는 겨와 같아라.

5 그러므로 악인들이 심판 때에,
죄인들이 의인들의 모임에 감히 서지 못하리라.

6 의인들의 길은 주님께서 알고 계시고
악인들의 길은 멸망에 이르기 때문일세.

복福의 노래

시편 150편의 첫 시작인 시편 1편은 기분 좋은 내용입니다. '복'을 노래하고 있기 때문입니다. 복을 싫어하는 사람은 아무도 없을 것입니다. 예전에 시골 할머니 할아버지 댁에 갔을 때 베개를 당당히 장식하였던 글자, 심지어 그릇에조차 새겨져 있던 '복' 자가 어렴풋이 기억납니다. 이뿐만 아니라 어릴 적 입었던 색동저고리 소맷단과 저고리 옷고름에도 '복' 자가 금박으로 찍혀있었지요. 복을 기원하는 마음은 우리네 이름에서도 흔히 찾아볼 수 있고 여전히 우리 일상생활 속에서 즐겨 사용되고 있습니다. 오복, 복지, 복권, 복불

복, 새해 복 많이 받으세요, 복이 달아난다, 복이 찾아온다, 복스럽게 생겼다 등등 '복'이란 단어가 들어간 표현은 헤아릴 수 없이 많습니다. 이렇게 복이 우리의 가장 가까운 의식주 생활에서 다양한 언어적 표현으로 또 상징으로 오랜 시간 동반되었다는 사실은, 복을 염원하는 우리의 간절한 소망의 발로가 아닌가 합니다.

행복을 추구하는 것은 동서고금을 막론한 인간의 본능이기에 현실에서 복을 갈구하는 소망은 때때로 '기복신앙'으로 불안한 이들의 마음을 달래는 도구가 되기도 합니다. '복'의 사전적 의미는 '삶에서 누리는 큰 행운과 오붓한 행복'이라고 정의되어 있습니다. 한편 복이 운수, 행운, 행복과 관련지어 설명되고 있다는 것은 복이 인간의 노력만으로 취득할 수 있는 것이 아니라, 인간의 인지를 초월한 '운명' 곧 하늘에서 내리는 것으로 보았다고 여겨집니다.

구약성경에서는 부귀영화, 건강, 장수, 많은 자손이 복으로 여겨지고 있습니다. 하지만 성경 전체에서 복은 물질적인 개념만이 아니라 영적인 가치도 함께 포함합니다. 말하자면

복의 지평이 훨씬 넓다고 할 수 있는데, 시편 1편이 바로 그러합니다. 이 시편은 '복'을 노래하고 있습니다. 그러나 부귀영화, 건강, 장수, 자녀에 대한 복을 비는 것이 아니라 복 있는 사람을 보고 감탄하며 축하하는 노래입니다.

시편 1편이 노래하고 있는 복은 '율법'을 묵상하고 '의로움'의 길을 걷는 것과 관련됩니다. 곧 하느님의 말씀을 웅얼거리며 하느님과 동행하는 것이 '복'이라는 것입니다. 그래서 시편 1편을 '토라 시편'이라고도 부릅니다. 이 시편은 "복되어라/행복하여라"라는 축복의 말로 출발합니다. 곧 150개 시편 기도가 '축복'으로 시작하는 것입니다.

솔로몬이 건축한 예루살렘 성전 입구에는 두 개의 성전 기둥이 있었습니다. 이 기둥은 성전을 지탱하기 위한 것이라기보다는 성전에 들어가기 위해 통과해야만 하는 관문과 같은 것이었습니다. 이처럼 시편집 전체의 서론 역할을 하는 시편 1편과 2편은 마치 성전의 두 기둥처럼 시편의 입구를 표시하고 있는 것 같습니다. 마치 사찰 입구에 있는 '일주문'과 같다고 할 수 있습니다.

시편 1편은 "행복하여라"라는 말로 시작하고 시편 2편은 "행복하여라"라는 말로 끝납니다. 시편 전체의 서론 처음과 끝 구절이 같은 단어로 연결된 것입니다. 시편 1편과 2편에 공통적으로 나타나는 또 하나의 단어는 '묵상하다'입니다. 시편 1편에서 이 표현은 하느님의 말씀을 '되새김'하는 것으로, 시편 2편에서는 하느님의 주권에 도전하는 세상 군주들의 불평 어린 '술렁거림' 또는 '쑥덕거림'으로 나타납니다. 시편 1편이 개인의 삶에 관한 것이라면 시편 2편은 세상 민족들에 대한 것이기에 얼핏 보면 서로 다른 내용인 듯하지만, 이 둘은 하나의 주제로 연결되어 있습니다. 율법의 인도에 따라(1편) 하느님을 왕으로 모시며(2편) 사는 삶, 곧 하느님의 뜻에 따라 살며 하느님의 길을 걷는 것이 복된 삶임을 말하고 있습니다.

시편 1편은 우선 복 있는 사람과 악한 사람을 대조합니다. 여기서 악인은 윤리적·도덕적 죄인이라기보다는 하느님의 뜻을 거역하는 오만한 사람, 기고만장한 사람을 뜻합니다. 악인에 대해 묘사하고 있는 세 가지 동사는 걷다 또는 좇다(할라크הלך), 서다(아마드עמד), 앉다(야솨브ישב)인데, 시인은 이 세 동사를 나열함으로써 죄가 점진적으로 깊어지는 과정을 드러내고 있습니다. 처음에는 그저 악인의 길이 좋아 보여 따라다니다가, 어느 순간 악인들과 함께 무리를 지어 서 있습니다. 그리고 마지막 동사 '앉다'를 통해 어느덧 죄인들과 함께 둘러앉아 한통속이 되어있는 모습을 암시합니다. 각기 다른 동사를 사용하면서, 죄에 점차 물들어 가는 모습을 강조하고 있는 것입니다.

반면 의인이 참된 행복의 길을 걷고 있는 이유는 그가 하느님의 말씀을 묵상하기 때문이라고 귀띔해 줍니다. 성경에서 말하는 묵상은 마음속으로 고요히 말씀을 생각하는 것보다 훨씬 적극적인 행동을 일컫습니다. '묵상'이라고 번역되는 히브리어 '하가(הגה)'는 '생각하다', '사색하다'라는 의미지만, 근원적으로는 '나지막이 중얼거리다', '신음 소리를 내다'라는 뜻입니다.

실제로 성경에서는 묵상과는 전혀 어울리지 않는 사자의 으르렁거림과 구구거리는 비둘기 울음소리, 천둥이 우르릉거리는 소리에도 '하가'를 사용했습니다. 곧 '중얼중얼' 소리 내어 읊조리는 것이 성경의 묵상법이라고 하겠습니다. 마치 꿀벌이 꿀을 찾아 이리저리 날아다니며 웅웅거리는 소리를 내듯이 또는 사자가 먹잇감을 포획한 후 뼈다귀를 뜯으며 그르렁 그르렁 만족스러운 소리를 내는 것과 같습니다. 한마디로 표현하자면 성경이 말하는 묵상은 머리로 하는 것이 아니라 '웅얼웅얼' 읊조리며 온몸에 말씀을 새겨넣는 것이지요.

눈깔사탕을 기억하시는지요? 사탕이 어찌나 큰지 입에 한 알 넣으면 제대로 말을 할 수 없어 그저 웅얼거릴 수밖에 없었습니다. 크고 단단한 눈깔사탕이 다 녹을 때까지 오래오래 달짝지근한 맛을 즐겼던 것처럼, 하느님 말씀을 옹알거리며 그 맛을 음미해 보는 것은 어떨까요?

정리하자면, 시편 1편은 복된 사람의 모습을 보여주며 의로운 사람이 살아가야 할 길과 방향을 제시하고 있고, 시편 2편은 세상 사람들이 살아가야 할 길과 방향을 제시하고 있다 할 수 있겠습니다. 달리 표현하면 시편 1편이 의롭게 살아가는 사람에 대한 복의 노래라면 시편 2편은 공동체적 차원, 범우주적 차원에서 누구 편이 되어 살아갈 것인지 질문을 던지는 노래입니다.

시편 1편에서 보면 복된 사람은 제때에 열매를 맺고, 악한 사람은 바람에 흩어지는 겨와 같다고 합니다. 저자가 이렇게 대조하고 있는 이유가 무엇일까요? 우리를 '선택' 앞에 세우기 위해서입니다. 시편 1편은 시편 세계에 입문하는 사람들을 향하여 '어느 길'에 설 것인지를 질문하고, 시편 2편은 '누구 편'에 설 것인지를 묻고 있습니다.

어느 길을 선택하시렵니까?

누구를 주인으로 섬기시렵니까?

행복하여라!

주님의 가르침을 좋아하고

그분의 가르침을

밤낮으로 되새기는 사람

시편 3편

1 [시편. 다윗. 그가 자기 아들 압살롬에게서 달아날 때]

2 주님, 저를 괴롭히는 자들이 어찌 이리 많습니까?
저를 거슬러 일어나는 자들이 많기도 합니다.

3 "하느님께서 저자를 구원하실 성싶으냐?"
저를 빈정대는 자들이 많기도 합니다. 셀라

4 그러나 주님, 당신은 저를 에워싼 방패,
저의 영광, 저의 머리를 들어 올려주시는 분이십니다.

5 내가 큰 소리로 주님께 부르짖으면
당신의 거룩한 산에서 응답해 주시네. 셀라

6 나 자리에 누워 잠들었다 깨어남은
주님께서 나를 받쳐주시기 때문이니

7 나를 거슬러 둘러선
수많은 무리 앞에서도 나는 두려워하지 않으리라.

8 일어나소서, 주님.
저를 구하소서, 저의 하느님.
정녕 당신께서는 제 모든 원수들의 턱을 치시고
악인들의 이를 부수십니다.

9 주님께만 구원이 있습니다.
당신 백성 위에 당신의 복을 내려주소서. 셀라

다윗의 첫 노래

음악을 '세계 공통어'라고들 합니다. 그 이유는 음악이 언어를 뛰어넘어 모두가 공감할 수 있는 문화적 보편성을 지녔기 때문일 것입니다. 어떤 이들은 멜로디에 끌리고 어떤 이들은 가사에 매료되기도 하지만, 음악이 주는 감동과 전율은 한국인이건 외국인이건 누구나 느낍니다. 그것은 아마도 음악의 언어가 감정에 호소하는 특성 때문인지도 모르겠습니다. 물론 나이별로 선호하는 음악의 장르가 다를 수는 있지만, 음악은 국경도, 시대도, 세대도 아울러 지위와 성별 모두를 뛰어넘습니다. 그러기에 만국의 공통어로 손색이 없습니다. 시편이 단순한 시가 아니라 노래라는 점에서 본다면 시편 역시 만국의 언어라고 할 수 있습니다.

시편은 '찬양의 책'이라는 명칭에 걸맞게 탁월한 음악성을 지니고 있습니다. 시편이 성전 전례에서 음악에 맞추어 부른 노래였고, 이는 또한 신을 향한 인간의 노래이기 때문입니다. 하지만 시편집은 단순한 성가책이 아닙니다. 삶과 음악의 만남을 다루고 있는 책입니다. 시편의 가사는 뜬구름 잡듯 허공에 대고 메아리치는 노랫말이 아니라 현재를 살아가면서 겪는 구체적인 이야기들을 담고 있고, 생활에 밀착된 끈끈한 언어를 구사하면서 진실이 가득 담긴 짙은 호소를 토해내고 있습니다.

시편집에는 150개나 되는 불후의 명곡들이 실려있는데, 그 가운데 '다윗'이 저자로 되어있는 시편은 무려 73편이기에, 다윗은 이른바 '이스라엘의 대표 시인이자 작곡가'라고 할 수 있을 것입니다. 함께 살펴볼 시편 3편 역시 다윗의 자작곡입니다. 이 시편은 자신의 체험에서 나온 것이기에 그가 느낀 감정이 고스란히 담겨있습니다.

이 시편의 머리말은 이 곡에 대한 몇 가지 정보를 알려줍니다. 우선, 시편 3편의 저자가 나타납니다. 그런데 시편의 머리말에 이름이 적힌 이가 해당 시편의 저자가 아닐 수도 있습니다. 다시 말해 다윗이 지은 것일 수도 있고, 다윗의 삶에 비추어 그 시편을 볼 때 독자가 더 잘 이해할 수 있다는 의미일 수도 있기 때문입니다. 두 번째는 이 시편이 지닌 역사적 맥락, 곧 '다윗이 자기 아들 압살롬에게서 달아날 때'라는 정보가 첨부되어 있습니다.

성경을 보면 다윗의 문제는 가정에서 시작됩니다. 그에게 너무 많은 아내가 있었기 때문이었지요. 비록 정략적 결혼이었다 하더라도 아내와 아들이 여럿이었기에, 가지 많은 나무에 바람 잘 날이 없었습니다. 사무엘기 하권 13장 1절에 다윗 집안 문제의 발단을 "그 뒤에 이런 일이 있었다"라는 불길한 표현으로 시작하는데, '그 뒤에'의 '그'는 밧 세바와의 일을 의미합니다. 이 시편의 역사적 배경이 되는 사건을 요약하면 이렇습니다.

아버지 다윗에게 반감을 품었던 아들 압살롬이 왕자의

난을 일으킵니다. 그 이전에 다윗의 맏아들 암논이 이복 여동생 타마르를 짝사랑하게 되었고 병간호하러 온 타마르를 범하며 자신의 욕망을 채운 뒤 타마르를 내쫓아 버린 일이 있었습니다. 압살롬은 자기 친동생에게 일어난 이 일 때문에 분노합니다. 그러나 압살롬의 분노는 암논만을 향한 것은 아니었다고 봅니다. 아버지 다윗이 이 사건에 대하여 아무 징계 없이 어물쩍 넘어간 그릇된 태도에도 불만이 있었을 것입니다. 그는 다윗의 정의로운 판결을 기대할 수 없게 되자 분노의 임계점에 달하여 암논을 죽이고 자신은 도망자가 됩니다.

얼마간의 시간이 지난 후 압살롬은 다윗의 지시로 예루살렘에 돌아왔지만, 압살롬에 대한 다윗의 태도는 여전히 냉랭하기만 했습니다. 아버지에게 거부당했다는 수치심, 섭섭함, 모멸감에 압살롬은 왕자의 난을 도모하게 된 것이지요. 형제간의 갈등으로 시작되어 부자간의 갈등으로 이어진 가족 드라마인 셈입니다. 성경의 묘사를 토대로 짐작해 보건대, 압살롬은 참으로 정치적인 인물이었던 것 같습니다. 자신의 원망과 앙심을 감춘 채 서서히 민심을 얻으며 세력을 키워나갑니다. 히브리어 성경은 그런 압살롬이 백성의 마음을 얻은 것이 아니라 '훔쳤다'라고 하며 부정적으로 표현하고 있습니다. 배후에 부당한 음모가 있었기에 백성의 마음을 도둑질한 것이라고 표현한 것 같습니다.

가끔 그런 생각을 해 봅니다. 다윗이 암논의 잘못을 따끔하게 꾸짖었더라면 어땠을까? 또 다윗이 귀양에서 돌아온 압살롬을 부성애로 따뜻하게 품어주었더라면 역사가 바뀌지 않았을까? 한순간에 일어난 형제간의 갈등과 그 뒤에 이어진 부자간의 갈등이 꼬리에 꼬리를 물고 파국으로 비약한 단적인 사례처럼 느껴집니다. 어쨌든 이 시편은 우리에게 그 모든 상황을 염두에 두고 읽어보라고 초대합니다.

시편을 크게 찬양 시편과 탄식 시편으로 나눌 수 있는데, 시편 3편은 개인 탄식 시편에 해당합니다. 찬양이 하느님의 현존을 경험한 후 기쁨을 노래하는 것이라면, 탄식은 하느님의 부재를 경험하며 인내하는 때에 나오는 것이라고 하겠습니다. 어쩌면 우리의 삶이란 이처럼 찬양과 탄식이 오락가락하는 것일지도 모르겠습니다. 그러나 하느님의 부재 체험에서 비롯된 탄식 시편은 하느님이 안 계신다고 부정하는 것이라기보다는 오히려 나에게 와주시기를 소망하는 것입니다. 다윗 역시 마찬가지입니다. 괴로운 상황에서 다윗은 '주님'을 부르며 자신의 기도를 시작합니다. '하느님!' 하고 부르는 이 간결한 말 안에는 장황한 수식어나 미사여구보다 더 강한 간절함이 전해집니다.

이 시편에는 원수에 대한 정보가 등장합니다. 원수는 수적으로도 '많고', 또 '조롱하며', '빈정대는 자'들입니다. 원수의 수가 '많다'라는 표현이 다섯 번이나 등장합니다. 하지만 시편 저자는 '혼자'입니다. '많음'과 '홀로 있음'이 선명하게 대비되고 있습니다. 아울러 이 시편의 역사적 배경에 비추어 보면 압살롬은 사람들에게 자신의 분노를 표출했지만, 다윗은 자신의 고통스러움과 괴로운 감정을 하느님께 쏟아내고 있다는 점 역시 대조적이라고 하겠습니다.

또 하나 특이한 점은 이 시편에 전쟁에나 등장할 법한 군사 용어가 빈번히 사용된다는 것입니다. '방패', '에워싸고', '거슬러 둘러선' 그리고 '일어나소서'라는 전쟁 중에 외치는 함성 등 이러한 표현들은 다윗이 맞닥뜨린 상황이 비극적 참상이 가득한 전쟁 한가운데에 놓인 것과 같음을 토로한다고 볼 수 있습니다.

그런데 갑자기 4절에서 인상적인 반전이 일어납니다. 하느님을 기억하고 그분께 대한 신뢰를 되찾으며 다윗의 마음에 변화가 생긴 것입니다. 일반적으로 탄원 시편이 우리에게 보여주는 것이 바로 이러한 전환입니다. 시련을 통해 오히려 하느님 안에서 새로운 희망과 의미를 얻게 되는 절묘한 반전!

시편의 원수들은 이런 말로 다윗을 조롱합니다. "하느님께서 저자를 구원하실 성싶으냐?" 그리고 빈정대는 자들도 많습니다.(3절) 그러나 시편 마지막에 보면 하느님께서 그들의 "턱을 치시고 이를 부수신다"(8절)라고 나옵니다. 말로 조롱하고 빈정대던 자들의 '턱'과 '이'를 부수신다는 것입니다. 이 고백이 놀라운 것은 현재 상황이 변한 것은 하나도 없다는 데에 있습니다. 그런데도 저자는 이 모든 일이 마치 다 이루어진 듯이 표현하고 있습니다. 하느님에 대한 신뢰가 있으면 그 어떤 어려움 속에서도 하나님을 찬양할 수 있음을 보여주고 있는 것입니다.

시편 1편과 2편이 시편에 입문하려는 사람들을 '어느 길', '누구 편'이라는 질문으로 우리를 선택의 갈림길에 세웠다면, 시편 3편은 하나님을 내 편으로 선택한 사람의 모습을 보여줍니다. 시편 3편이 하나님의 이름을 부르며 시작하고 있기 때문입니다. 이제 이 시는 각자의 삶의 자리에서 드리는 기도의 현장으로 우리를 인도해 갑니다. "주님께만 구원이 있습니다!"라는 다윗의 고백이 우리의 삶의 현장에서도 울려 퍼지도록 말입니다.

시편 6편

1 [지휘자에게. 현악기와 더불어 제8도로. 시편. 다윗]

2 주님, 당신의 진노로 저를 벌하지 마소서.
당신의 분노로 저를 징벌하지 마소서.

3 저에게 자비를 베푸소서, 주님, 저는 쇠약한 몸입니다.
저를 고쳐주소서, 주님, 제 뼈들이 떨고 있습니다.

4 제 영혼이 몹시도 떨고 있습니다.
그런데도 주님, 당신께서는 언제까지나 …… ?

5 돌아오소서, 주님, 제 목숨을 건져주소서.
당신의 자애로 저를 구원하소서.

6 죽으면 아무도 당신을 기억할 수 없습니다.
저승에서 누가 당신을 찬송할 수 있겠습니까?

7 저는 탄식으로 기진하고
밤마다 울음으로 잠자리를 적시며
눈물로 제 침상을 물들입니다.

8 저의 눈은 시름으로 멀어지고
저의 모든 적들 때문에 어두워집니다.

9 내게서 모두 물러들 가라, 나쁜 짓 하는 자들아.
주님께서 나의 울음소리를 듣고 계신다.

10 주님께서 나의 간청을 들어주시고
주님께서 나의 기도를 받아들이신다.

11 내 원수들은 모두 부끄러워 몹시 떨리라.
부끄러워하며 순식간에 물러가리라.

다윗의 반전 드라마

영화나 드라마에서 스토리를 전개해 나가는 방법 가운데 '반전'이라는 기법이 있습니다. 얽히고설킨 복선 위에서 예측할 수 없는 이야기들이 '반전'을 통해 한결 흥미롭고 심장 쫄깃하게 전개됩니다. '반전'의 사전적 의미는 '일의 형세가 뒤바뀜'입니다. 다르게 표현하자면 '헛다리를 짚게 하는 것', '뒤통수를 치는 것' 등으로, 뒤집고 뒤집어서 허를 찌르는 것입니다. 이처럼 반전은 뻔한 스토리라고 생각하던 것이 전혀 색다르게 전개되는 경우이기에, 당혹스러움을 느끼게 하면서도 이야기에 더 몰입할 수 있게 만드는 요소이기도 합니다. 어떤 이는 이런 반전을 '배반당하는 재미'라고 표현하기도 합니다.

시편 6편에도 '반전'이라는 극적 요소가 있습니다. 이것은 탄원 시편의 특징 가운데 하나이기도 합니다. 이 시편에는 구원받았음을 뜻하는 뚜렷한 표현은 없다 해도 시인이 보이는 태도와 그의 고백에 극적이면서도 분명한 심리적 변화가 나타납니다. 구원에 대한 시편 저자의 강한 확신이 그런 변화를 초래한 듯합니다. 하느님의 침묵이 의미하는 바가 그분의 부재가 아니라 바로 그분의 현존임을 깨닫는 반전에 이르렀는지도 모르겠습니다.

시편 6편의 머리말에는 '악상기호'에 대한 정보도 있습니다. 악상기호는 하느님의 말씀을 운율에 맞추어 기도하라는 지시어에 해당합니다. 이러한 악상기호는 시편 4편에서부터 시작됩니다. 히브리인들은 시편을 그냥 읽기보다는 멜로디를 입혀 노래처럼 읊조리며, 시어로 표현된 마음속 감동이 한층 아름답게 울려 퍼지도록 했던 것이지요. 그런데 시편 6편에 등장하는 독특한 악상기호 곧 '현악기와 더불어 제

8도로' 노래하라는 지시어가 과연 무엇을 의미하는 것인지는 아직까지 안타깝게도 알려진 바가 없습니다. 다만 추측하건대 초대교회 때부터 시편 6편은 일곱 참회 시편(6편, 32편, 38편, 51편, 102편, 130편, 143편) 가운데 하나로 여겨졌으므로 아마도 엄숙한 분위기를 연출하라는 악상기호가 아니었을까 합니다. 사실 시편 6편에는 그 어디에도 저자가 죄와 참회를 표명하고 있지는 않지만, 교회는 전통적으로 사순시기 첫날인 재의 수요일에 이 시편을 노래하고 있습니다. 이 시가 거의 죽음의 문턱에 다다른 듯한 고통을 노래하고 있기 때문인 듯합니다.

이 시편은 노래에 일가견이 있는 다윗의 자작곡입니다. 하지만 이 시편의 배경을 짐작하기는 어렵습니다. 시편 저자가 겪고 있는 고통을 진술하기 위해 사용한 표현들이 너무도 일반적이고 포괄적이어서 고통의 실체가 정확히 무엇인지 파악하기가 쉽지 않기 때문입니다. 일반적으로 탄원 시편은 저자가 겪는 고통에 관한 묘사는 하지만, 고통의 실체나 역사적 배경에 대해서는 굳이 설명하려 들지 않습니다. 이 시편 역시 내용만으로는 고통의 이유를 명확히 알기 어렵지만, 시편 저자는 자신의 고통이 하나님의 진노에서 비롯된 것임을 알고 있습니다.

이 시편은 초반부터 눈길을 사로잡습니다. 다윗이 '주님'을 세 번이나 부르며 기도를 시작하기 때문입니다.

주님, 징벌하지 마소서(2절)
주님, 자비를 베푸소서(3절)
주님, 저를 고쳐주소서(3절)

'주님'의 이름을 부른다는 것은 친밀한 관계성을 의미합니다. 세 번이나 반복하여 간청한다는 것은 자신의 처지나 감정을 분명히 드러내려는 의도라고 볼 수 있겠습니다. 다윗은 "주님, 당신의 진노로 저를 벌하지 마소서. 당신의 분노로 저를 징벌하지 마소서"(2절)라고 기도하며, 자신이 하느님 앞에 죄를 지어 하느님의 진노 아래에 있음을 고백하고 있습니다. 탄식의 원인이 자신의 적대자들뿐 아니라 자신에게도 있음을 인정하고 있습니다.

다윗은 이처럼 자신의 마음을 간절히 하느님께 알리고 싶어 하면서도 그저 눈물로 침상을 적시기만 하는 수동적인 자세를 취하고 있는데, 이것은 하느님의 침묵 앞에서 그가 느끼는 좌절과 절망의 상태를 표현하는 것이라 하겠습니다. 그가 무슨 죄를 저질렀는지는 알 수 없지만 분명한 것은 다윗이 하느님의 침묵이 자신에 대한 징계라고 느끼고 있다는 사실입니다.

히브리인들은 신체 부위를 통하여 감정을 표현하였습니다. 뼈는 건강과 힘의 원천이며 동시에 고통과 슬픔을 표현하는 감정의 자리이기도 합니다. 다윗은 자신의 '뼈들이 떨리고 영혼도 떨고 있다'라고 탄식하는데 이는 죽을 지경에 처해있음을 암시합니다.

이어 하느님께 "돌아오소서"라는 표현으로 그분의 자애를 간청하며 그분이 돌아오셔야 하는 두 가지 이유를 아뢰고 있습니다. 그가 죽은 뒤에는 그분을 기억할 수 없기 때문이고, 저승에서는 그분을 찬송할 수 없기 때문입니다. 다윗은 고통이나 죽음 자체보다 그분과의 단절이 진짜 죽음임을 알고 있습니다.

이렇게 뼈가 떨리는 고통의 한가운데에서 탄식으로 기진하고, 울음 가득한 고백이 이어지다가 갑자기 구원의 확신이 가득한 음색으로 반전이 일어납니다. 다윗이 원수를 고발하거나 저주하는 대신, 하느님을 향한 오롯한 신뢰를 고백하기 때문입니다. 절망적 시련으로 가득한 현주소가 바뀌지는 않았습니다만 달라진 것은 다윗의 마음입니다.

이러한 반전은 시의 내적 역동성을 나타낼 뿐만 아니라 기도를 드리는 다윗의 영적 성장을 드러냅니다. 현실은 당장 변하지 않는다 해도, 앞으로 일어날 희망찬 사건을 마음으로부터 굳게 믿음으로써 이미 그 일들이 이루어진 것처럼 표현하고 있습니다. 믿음이 현실을 앞서고, 믿음으로 미래를 끌어당기고 있습니다.

이렇게 고통의 한가운데에서 하느님께 대한 신뢰를 회복하자 상황은 역전되는 듯합니다. 이것이 바로 다윗의 믿음이 쓰는 반전 드라마입니다. 시련 속에서 세 번이나 주님을 부르며 기도를 시작한 다윗은 시편을 마치면서도 주님의 이름을 세 번 부릅니다. 이 얼마나 확신에 찬 고백입니까!

주님께서 … 듣고 계신다(9절)

주님께서 … 들어주신다(10절)

주님께서 … 받아들이신다(10절)

하느님은 울부짖음을 들으시는 분이며, 인간의 삶 깊숙한 곳으로 들어오길 원하시는 분입니다. 믿음이 우리 안에 있는 불안을 압도한다면, 그것은 우리가 신앙의 삶을 살고 있다는 증거입니다. 현재의 고통을 견디며 미래에 대한 희망을 간직하는 것, 암울한 현실 속에서도 시련을 디딤돌로 삼아 반전 드라마를 이루어내는 것이야말로 역전의 용사 다윗이 우리에게 보여준 본보기입니다. 우리가 열연하고 있는 신앙의 드라마는 아직 끝나지 않았습니다. 믿음의 힘으로 저마다 삶의 자리에서 반전 드라마의 주인공으로 거듭나시길 빕니다.

주님께서

나의 간청을 들어주시고

주님께서

나의 기도를 받아들이신다

시편 8편

1 [지휘자에게. 기팃에 맞추어. 시편. 다윗]

2 주 저희의 주님
온 땅에 당신 이름, 이 얼마나 존엄하십니까!
하늘 위에 당신의 엄위를 세우셨습니다.

3 당신의 적들을 물리치시고
대항하는 자와 항거하는 자를 멸하시려
아기와 젖먹이들의 입에서 나오는 것으로
당신께서는 요새를 지으셨습니다.

4 우러러 당신의 하늘을 바라봅니다,
당신 손가락의 작품들을
당신께서 굳건히 세우신 달과 별들을.

5 인간이 무엇이기에 이토록 기억해 주십니까?
사람이 무엇이기에 이토록 돌보아 주십니까?

6 신들보다 조금만 못하게 만드시고
영광과 존귀의 관을 씌워주셨습니다.

7 당신 손의 작품들을 다스리게 하시고
만물을 그의 발아래 두셨습니다.

8 저 모든 양 떼와 소 떼
들짐승들하며

9 하늘의 새들과 바다의 물고기들
물속 길을 다니는 것들입니다.

10 주 저희의 주님
온 땅에 당신 이름, 이 얼마나 존엄하십니까!

네 안에 나 있다!

머리말의 악상기호 '기팃'은 시편 8편과 84편에만 나오는 음악 지시어입니다. '기팃'이 의미하는 가락이 무엇인지 정확히 알려지지는 않았지만, 다윗의 시편 8편이 하나님의 창조를 찬양하는 시라는 점을 고려하면, 기쁘고 밝은 분위기의 곡조를 의미하는 악상기호였을 것이라고 유추할 수 있습니다.

시편 8편이 자리한 위치는 특별합니다. 시편 1–2편은 시편집 전체의 도입문이며, 시편 3–7편은 탄원 시편인데 이 다섯 시편에는 악인들에게 고통당하는 의인의 하소연과 도움을 간청하는 내용이 담겨있습니다. 그런데 이 주제는 시편 8편에서 갑자기 단절되었다가 시편 9–14편에서 다시 이어집니다. 그러다가 시편 15편에 이르러 그 흐름이 다시 끊깁니다. 이러한 편집이 시편집 전체에 적용되고 있는 것은 아니지만 이어지던 주제를 단절할 때마다 마치 결론처럼 찬양 시편을 사이에 끼워 넣은 것은 색다른 분위기를 연출하기 위해서인 듯합니다.

시인은 우리에게 가슴 벅찬 노래를 들려줍니다. 시편 8편은 창조에 대한 찬양 시편으로, 창세기 1장의 천지 창조와 인간의 탁월한 위치를 상기시켜 줍니다. 이 시에서 창조주와 인간의 관계는 '당신'이라는 말로 매우 친밀하게 묘사되고 있습니다.

시편 8편은 그 내용의 아름다움뿐만 아니라 시편 구조 역시 잘 짜여있습니다. 하느님으로 시작하여 하느님으로 마치고 있으며, 서론과 결론에 반복되는 구절을 넣었습니다. 중간 부분에는 창조 세계에서 드러나는 하느님의 위엄과 창조 세계를 다스리는 인간의 존엄에 관한 언급도 놓치지 않습니다.

A	주 저희의 주님, 온 땅에 당신 이름, 이 얼마나 존엄하십니까!(2절)
B	창조 세계에서 드러나는 하느님의 위엄(3-4절)
B′	창조 세계를 다스리는 인간의 존엄(5-9절)
A′	주 저희의 주님, 온 땅에 당신 이름, 이 얼마나 존엄하십니까!(10절)

이 시편의 후렴구, "주 저희의 주님, 온 땅에 당신 이름, 이 얼마나 존엄하십니까!"의 반복은 시인이 말하고자 하는 주제를 강조하는 동시에, 시를 읽는 이로 하여금 일종의 안정감을 느끼게 합니다. 두 개의 후렴구는 감탄 의문문입니다. 질문 형식이지만 답변을 원하는 질문이라기보다는 감탄의 표현이며, 매우 좋다는 것을 강조합니다. 이렇듯 감격스러운 고백 어구를 시편 중간에 삽입하여 독자를 뭉클하게 만드는 등, 시인이 자신의 감격을 언어로 담아내기 위해 공들인 흔적이 역력합니다.

3절에서 '하느님의 적들'과 '아기와 젖먹이'가 대조를 이루는데, '적들'은 인간의 힘을 자랑하며 하느님의 존재를 부인하는 악인을 상징하고 아기와 젖먹이는 하느님의 이름을 부르는 겸손한 사람을 뜻합니다. 또한 인간이 하느님 앞에서 연약한 존재임을 일깨우는 표현이기도 하지요. 하지만 아기와 젖먹이의 입에서 나오는 것은 힘을 가질 수 있습니다. 이는 입술로 하는 찬양을 의미합니다. 예수님의 예루살렘 입성을 환영하며 '호산나'를 외치던 아이들이 떠오릅니다.(마태 21,15)

인간이 무엇이기에 이토록 기억해 주십니까?
인간이 무엇이기에 이토록 돌보아 주십니까?

이 두 개의 후렴구 역시 질문형으로 되어있습니다. 마찬가지로 이는 답을 위한 질문이 아니라 사람이 보잘것없는 피조물임을 강조하는 시적 표현입니다. 사람을 지칭하는 히브리어 단어로는 '아담(אדם)', '이쉬(איש)', '에노쉬(אנוש)'가 있습니다. 이 시편은 그 가운데에서 '에노쉬'를 선택했습니다. 이

낱말은 연약한 인간의 모습을 강조하는 단어입니다. 다시 말해 인간은 죽을 수밖에 없는 유한한 존재, 병들면 회복될 수 없는 존재, 무너지면 일어설 수 없는 존재라는 뜻입니다. 시인은 의도적으로 '에노쉬'라는 단어를 고르고 고른 듯합니다. 이 단어를 통해 인간이 하느님 앞에서 한없이 작고 연약한 존재임을 드러내고 싶었을 것입니다. 한 줌의 흙과 하느님의 숨으로 창조된 인간은 보잘것없는 피조물인 동시에 모든 것을 지배할 수 있는 위대한 능력을 지닌 존엄한 존재라는것, 이것이 성경 전체를 관통하는 인간관이기도 합니다.

'인간이 무엇이기에'라는 시인의 고백은 연약하고 아무것도 아닌 존재에 영화와 존귀의 관을 씌워주셨음에 감사하는 마음이 투영되어 있습니다. '영광'과 '존귀의 관'이라는 두 단어는 하느님의 왕적 권위를 나타낼 때 사용되는 낱말입니다.(29,1; 104,1; 145,5.12) 하느님은 연약한 인간을 당신의 형상으로 만드시고 임금의 지위를 주셨음을 찬양하는 것입니다. 시편 8편은 '하느님은 누구이신가'와 하느님이 창조하신 '인간은 누구인가'라는 불가분의 주제를 다루고 있습니다.

이 시편은 창세기 1장의 창조 이야기와 밀접하게 관련되어 있습니다. 인간의 유한성을 강조하는 한편 하느님께서 인간을 '하느님보다는 조금 못하게 만드셨다'라는 사실도 고백합니다. 인간이 하느님을 닮은 존재라는 뜻이지요. 창세기 1장의 '하느님의 형상'대로 인간을 창조하셨다는 말씀을 소환하는 구절입니다. 한마디로 요약하면 인간은 연약함과 위대함을 동시에 품은 존재로, 하느님의 통치에 참여하는 하느님의 자녀라는 선언입니다. 시인은 선명한 대비를 이루는 표현들을 사용하여 인간에 대해 놀랍고도 예리하게 통찰하고 있습니다.

더불어 한 가지 눈여겨보아야 할 것은 이 아름다운 시편에서 서술하는 창조 세계가 수직적으로 묘사되고 있다는 점입니다. 시인은 하늘 위, 하늘, 달, 별에서 인간, 머리에 관을 씌우시고, 손, 발의 순서, 곧 위에서 아래로 시상을 전개해 나갑니다. 마찬가지로 동물을 묘사할 때도 흥미로운 시각으로 접근합니다. 양 떼와 소 떼, 들짐승들, 새들, 물고기들, 물속 길을 다니는 것들 순서로 언급하며, 인간 공동체와 가까이 지내는 동물부터 나열하기 시작합니다.

시인은 우주 만물의 창조주이자 왕인 하느님께서 인간에게 당신이 창조하신 세계를 다스리는 권한을 주셨다는 사실에 감격합니다. 하지만 이 부분을 오해해서는 안 됩니다. 우리는 창조 세계의 관리자이지 주인이 아닙니다. 우리가 마치 창조주 하느님인 양 오만하게 자연을 대해서는 안 된다는 뜻입니다. 우리는 다만 창조 세계의 주인이 지정한 관리인일 뿐입니다. 관리인은 주인의 재산을 맡아서 보존하는 책임을 지고 그것을 관리하면서 발생하는 이윤으로 살아갈 뿐, 관리의 대가로 주인의 재산을 함부로 사용할 권한이 없습니다.

이 시편은 후렴구를 사용하여 시를 종결하고 있습니다. 후렴구는 단락의 끝을 알리기 위해 종종 사용됩니다. 시편 8편은 '주 저희의 주님, 온 땅에 당신 이름, 이 얼마나 존엄하십니까!'라며 하느님을 찬양하는 신앙고백으로 종결됩니다. 그 이유는 창조주 하느님께서 유한한 존재인 피조물과 인간에게 관심을 보이시고, 또 신의 경지에까지 인간의 지위를 높이시며 더할 나위 없는 품위를 선사하셨기 때문입니다.

하느님께서는 창조 세계의 일부인 인간의 발아래 만물을 두셨기에, 창조 세계를 돌보는 일은 우리의 책임과 권리가 만나는 지점이기도 합니다. 모든 피조물이 창조주께 의존하듯 우리 역시 마찬가지입니다

바쁜 일상에서 잠깐 멈추어 창조 세계에 감추어진 하느님의 모습을 찾아보는 건 어떨까요? 당신 손의 작품들을 다스리라고 하시며 인간을 높이신 하느님의 다정한 목소리에 귀를 기울여 보는 건 어떨까요?

"네 안에 나 있다!"

시편 13편

1 [지휘자에게. 시편. 다윗]

2 주님, 언제까지 마냥 저를 잊고 계시렵니까?
언제까지 당신 얼굴을 제게서 감추시렵니까?

3 언제까지 고통을 제 영혼에,
번민을 제 마음에 날마다 품어야 합니까?
언제까지 원수가 제 위에서 우쭐거려야 합니까?

4 살펴보소서, 저에게 대답하소서, 주 저의 하느님.
죽음의 잠을 자지 않도록 제 눈을 비추소서.

5 제 원수가 "나 그자를 이겼다" 하지 못하게,
제가 흔들려 저의 적들이 날뛰지 못하게 하소서.

6 저는 당신 자애에 의지하며
제 마음 당신의 구원으로 기뻐 뛰리이다.
제게 은혜를 베푸셨기에 주님께 노래하오리다.

감사를 잉태한 탄식

우리 한국인에게는 대부분의 상황에서 사용할 수 있는 마법의 감탄사가 있습니다. 바로 '아이고!'입니다. 어처구니없을 때, 기가 막힐 때, 언짢거나 실망스러울 때, 비아냥거릴 때, 기쁠 때, 놀랐을 때, 반가울 때는 물론이고, '아이고, 내 팔자야!', '아이고, 원통해라!'처럼 신세 한탄을 할라치면 빠짐없이 등장하는 말이기도 합니다.

몇 해 전 우간다에서 세 명의 유기서원 수녀님이 우리 수녀원의 삶을 체험하기 위해 온 적이 있었습니다. 그분들은 일단 한국어를 배우기 위해 한 대학에서 운영하는 한국어 학당에 다녔는데, 그분들이 유난히 자주 사용하던 단어가 있었습니다. 바로 '아이고'입니다. 물을 마시거나 의자에 앉을 때, 또는 물건을 들어 올릴 때면 어김없이 '아이고'를 연발했습니다. 그래서 도대체 누구에게 그 말을 배웠는지 물었더니, 대중교통으로 통학할 때 배웠다는 것이었습니다. 특히 어르신들이 시내버스에 올라타실 때나 한껏 무거운 다리로 자리에 털썩 앉으실 때마다 하나같이 '아이고!' 하시더랍니다. 그래서 그 수녀님들은 한국에서는 어떤 말이나 행동을 할 때마다 당연히 '아이고'를 붙여야 한다고 믿었던 것이지요.

언어마다 고유한 감탄사가 있습니다. 상대의 말에 대한 반응이나 말하는 이의 감정이 실린 감탄사의 종류는 참으로 다양합니다. 예를 들면, 후유, 아이고, 우와, 아뿔사, 아야, 에고, 아차, 아아, 옳지 등이 있습니다. 우리 말속에 무의식적으로든, 의식적으로든 자리 잡은 감탄사는 짧지만 강하게 느낌을 표현하고 전달할 뿐 아니라, 말에 감칠맛을 더하는 감초 역할을 톡톡히 해냅니다. 감탄사는 억양, 소리의 지속,

높낮이에 따라 그 의미가 부정적일 수도 있고 긍정적일 수도 있습니다. 긍정적인 감탄사는 공감을 끌어내지만, 비아냥이 섞인 조소의 감탄사는 고통을 배가시킵니다.

히브리어에도 다양한 감탄사가 있습니다. 한국어 감탄사 '아이고'에 비견할 만한 히브리어 감탄사는 '호이(הוי)'입니다. '호이'는 원래 탄식과 절망의 신음 소리 '아아'에 해당합니다. 이 히브리어 감탄사는 의성어지만 그 표현이 사용되는 경우와 연결되어 '슬프다', '어찌하여' 등으로 번역되고 있습니다. 히브리 사람들이 탄식할 때 자주 사용하는 감탄사 가운데 하나인 '아나(אנא)' 역시 마찬가지입니다. 우리말로는 '오, 제발', '오, 지금'이라고 해석되지만 '아나' 역시 처음에는 의성어였습니다. 그러나 어느 시점부터 '~까지(아드עד)'라는 조사가 붙어 '언제까지'라는 의미로, 특히 탄식 시편에서 빈번하게 사용되는 감탄사가 되었습니다.

탄식 시편에서 '언제까지'라는 외침과 쌍벽을 이루는 신음 소리로 '에카(איכה)'가 있습니다. '에카'도 본래 통곡 또는 장례 때의 울음소리를 흉내 낸 의성어였지만, '어찌하여' 또는 '언제까지'의 의미로 번역되면서 절망과 참담한 심정을 드러내는 단어로 빈번히 사용됩니다. 시편 13편에도 네 번이나 나오는 이 감탄사는 '언제까지'라는 의미로 번역되었습니다.

시편 13편은 다윗의 기도이지만 그의 삶 가운데 어떤 사건과 관련된 것인지 파악할 만한 역사적 정보는 제공되지 않습니다. 앞에서도 언급했듯이 150편의 시편 가운데 절반가량이 '다윗' 시편에 해당하기에, 거기에 그의 신앙과 삶이 녹아들어 있다고 믿으면서도 그의 시편 가운데 무려 마흔여섯 편이 탄원 기도라는 점이 새삼 놀랍습니다. 이스라엘의 가장 위대한 왕으로 칭송받았던 다윗이 이렇게나 많은 탄원 시편의 저자라는 사실이 한편으로는 아이러니합니다. 하지만 그 탄원 시편에서 발견되는 분명한 사실 한 가지는, 그가 시련에 처할 때 또는 죽음의 위협과 마주할 때마다 늘 하나님 앞에 마주 섰다는 점입니다.

시편 13편에서처럼 일반적으로 탄식 시편은 세 가지 요소가 차례대로 전개됩니다. 먼저, 의인이 처한 상황과 거기서 비롯된 절규가 등장하고, 그럼에도 좌절하지 않고 하느님을 향해 움직이는 태도가 이어지며, 자신의 청원이 응답받으리라는 확신 속에서 바치는 기쁨의 찬양으로 마무리됩니다.

시편 13편의 초반부는 암울한 분위기가 지배적입니다. 다윗의 애절한 비탄에서 그의 인간적 고뇌를 엿볼 수 있습니다. '주님'을 부르며 시작하는 그의 고통스러운 신음은 탄식 시편의 전형적 표현인 '언제까지'라는 말을 덧입습니다. 그 탄식은 일반적으로 하느님의 외면 또는 하느님에게 잊힌 체험에서 비롯됩니다. 그의 울음과 투정에는 하느님의 부재와 어둠 체험이 아프게 자리 잡고 있습니다. 다윗은 '언제까지' 라는 물음으로 시작되는 네 가지 질문을 던집니다.

> 언제까지 마냥 저를 잊고 계시렵니까?(2절)
> 언제까지 당신 얼굴을 제게서 감추시렵니까?(2절)
> 언제까지 고통을 제 영혼에… 품어야 합니까?(3절)
> 언제까지 원수가 제 위에서 우쭐거려야 합니까?(3절)

그의 절박한 심정을 대변하는 이 질문들에서 잊힘, 감추신 얼굴, 영혼의 번민, 의기양양한 원수가 언급됩니다. '언제까지'라는 외침은 다윗이 현재 겪고 있는 고통이 이미 오래전부터 시작되어 현재까지 지속되고 있음을 암시합니다. 비탄에 젖은 그의 신음 소리가 참 쓰라리게 들립니다.

다윗은 어떤 대답을 듣기 위해 '언제까지'라는 말을 사용한 것이 아닙니다. 이것은 이른바 수사학적 질문이라고 할 수 있습니다. 현재의 어려운 사정을 토로하거나 불평 또는 신세 한탄을 강조하는 문학적 표현인 셈이지요. <빼앗긴 들에도 봄은 오는가>라는 시의 제목도 '예'나 '아니오'라는 독자의 대답을 기대하는 질문이 아니듯, 다윗의 질문 또한 대답을 요구하지 않습니다.

다윗의 탄원이 불평 섞인 호소라는 사실이 조금 당황스럽게 느껴지는 독자도 있을 것입니다. 언뜻 보기에 마냥 부정적인 감정처럼 느껴지기 때문입니다. 하지만 이러한 표현은 다윗의 불신앙을 나타내기보다는 자신이 마주한 상황이 얼마나 위급한지, 원수의 위협이 얼마나 공격적인지를 전달하고자 하는 언어 표현 기법으로 보아야 할 것입니다. 따라서 호소와 청원이라 하기에는 거리낌이 있을 만큼의 격정적인 불만과 불평은 사실 지금의 상황을 벗어나고 싶은 바람의 또 다른 표현이자 하느님만이 이 상황을 해결하실 수 있는 분이고 동시에 책임이 있는 분이라는 강조입니다.

다른 한편으로 이러한 거침없는 불평은 그가 하느님을 얼마나 친근한 분으로 여기는지를 단적으로 드러냅니다. 마치 엄마를 마주하고 칭얼거리는 아이처럼 다윗도 하느님께 대한 신뢰를 바탕으로 불평하고 있는 것입니다. 그분이 자신의 외침을 들으신다는 확신이 있어야 그런 하소연이 가능합니다. 다윗의 탄식이 매번 '주님'이라는 호칭으로 시작하고 있는 것을 봐도 알 수 있습니다.

다윗은 죽음의 잠을 자지 않도록 "눈을 비추소서"라고 간청합니다. 이는 곧 '살게 해달라'는 은유적 청원입니다. 삶에 깊숙이 침투한 죽음의 그림자를 마주한 다윗이 두려움에 떨며 온몸으로 부르짖는 믿음의 표현이자 '희망의 몸부림'에 가깝습니다. 더불어 "나 그자를 이겼다"라는 원수의 조롱을 받지 않게 해달라는 그의 애원은 턱밑까지 차오른 불안을 떨쳐내려는 '절망의 몸부림'입니다.

그러다가 시편 마지막 절에서 뜻밖의 반전이 일어납니다. 짙은 탄식이 끝날 무렵 찬양의 노래가 들려옵니다. 하느님의 묵묵부답에도 다윗은 찬양을 계속합니다. 시편의 분위기가 변화된 것은, 상황이 바뀌어서가 아닙니다. 곧 다가올 하느님의 개입을 확신하기 때문입니다. 이렇듯 탄식 기도는 이미 그 안에 찬양과 감사를 잉태하고 있습니다.

우리 삶 속에는 나름의 장구한 사연이 탄식의 강이 되어 흐릅니다. 하지만 하느님께서는 우리의 '아이고'와 눈물과 슬픔, 고통과 근심을 속속들이 아시며 인간의 모든 상황 속에 함께하는 분이십니다. 이보다 더 확실하게 삶을 보듬는 위안은 없습니다. 이스라엘인들은 하느님의 눈길 아래 자기 삶을 되돌아보고 거기에 깃든 숱한 고통과 아픔을 믿음으로 이겨냅니다. 다윗은 고통의 터널을 통과하면서 신앙이 원망으로 변질되지 않는 길은 '탄식이 감사를 잉태할 때'라고 말하며 우리를 일깨웁니다.

시편 15편

1 [시편. 다윗]
주님, 누가 당신 천막에 머물 수 있습니까?
누가 당신의 거룩한 산에서 지낼 수 있습니까?

2 흠 없이 걸어가고
의로운 일을 하며
마음속으로 진실을 말하는 이,

3 혀로 비방하러 쏘다니지 않고
제 친구에게 악을 행하지 않으며
제 이웃에게 모욕을 주지 않는 이라네.

4 그는 악인을 업신여기지만
주님을 경외하는 이들은 존중한다네.
손해나는 맹세라도 그는 바꾸지 않고

5 이자를 받으려고 돈을 놓지 않으며
무죄한 이에게 해되는 뇌물을 받지 않는다네.
이를 실행하는 이는
영원히 흔들리지 않으리라.

삶의 좌표

좌표座標의 사전적 의미는 '사물이 처해있는 위치나 형편을 비유적으로 이르는 말'입니다. 공연장이나 극장의 좌석 위치, 휴대전화의 위치 추적 및 자동차의 내비게이션, 군사적 목적 등 다양한 분야에서 활용되고 있는 좌표는 우리의 일상생활 곳곳에 들어와 있습니다. 무엇보다도 좌표는 비행기와 선박의 항로처럼 육안으로 뚜렷하게 구분하기 힘든 길을 갈 때 그 진가를 발휘합니다. 위도와 경도로 이루어진 좌표가 표시된 지도 덕분에 하늘길과 바닷길에서도 무사히 목적지에 도착할 수 있습니다. 현재 위치뿐 아니라 나아가야 할 방향도 일러주는 좌표는, 우리가 길을 가는 데 꼭 필요한 길잡이입니다.

우리 인생에도 좌표가 필요합니다. 내가 올바른 신앙의 길을 걷고 있는지, 현재 내가 도달한 곳은 어디쯤인지, 행여 길을 벗어난 것은 아닌지를 알 수 있다면 얼마나 좋을까요? 시편 15편은 바로 우리가 어떻게 올바른 길을 걸어 하느님의 집에 도달할 수 있는지를 알려주는 좌표라고 할 수 있습니다.

시편 15편에는 다윗 시편이라는 머리말만 붙어있을 뿐 시편이 작성된 역사적 상황에 대한 정보는 드러나 있지 않습니다. 이 시편은 질문으로 시작하고 그 질문에 대한 대답이 이어지는 독특한 구조입니다. 시인은 먼저 '하느님의 거룩한 성소에 나아갈 수 있는 사람은 누구인가?', '하느님의 현존 앞에 머무를 수 있는 사람은 누구인가?'라는 근원적인 질문을 던진 뒤, 그 대답을 통해 사람이 하느님과 함께 머물 수 있는 자격 요건을 제시합니다. 이 시편을 접하는 이에게 현재 자신의 좌표를 확인해 보라는 메시지를 던지고 있는 것입니다.

주님, 누가 당신 천막에 머물 수 있습니까?
누가 당신의 거룩한 산에서 지낼 수 있습니까?(1절)

시인이 던지는 두 개의 질문은 사실상 같은 내용입니다. 혹자는 이 시편이, 예배를 드리기 위해 예루살렘에 도착한 순례자가 성전으로 들어가기 전에 제사장과 주고받던 질문과 응답이었다고 말하기도 합니다. 하지만 깊은 공명을 만들어 내는 시인의 이 물음은 성전 전례에서뿐만 아니라 우리 삶에도 폭넓게 적용할 수 있습니다. 거룩한 하느님의 영역 안으로 들어가는 데 필요한 것이 무엇인지 내면의 깊은 성찰을 통해 살피도록 이끌어 주기 때문입니다.

시인은 '하느님의 거룩한 성소에 들어갈 수 있는 사람은 누구인가?'라는 질문에 이어 성소에 들어가기 위해 필요한 열 개의 자격 요건을 나열하며 자문자답합니다. 그런데 시인이 열 가지 요건을 '~하기'와 '~하지 않기'로 나누어 서술하는 점이 눈길을 끕니다. 이는 율법 또한 '해야 할 것'과 '하지 말아야 할 것'으로 나뉘어 있음을 떠올리게 합니다. 시인은 자신의 노래에 율법과 같은 권위를 부여하고 싶었는지도 모릅니다. 그는 율법을 요약하여 삶에 확장하고 그것을 구체적으로 적용하는 방법을 일러주고 있습니다.

'~하기'로 표현된 다섯 가지 자격 요건은 흠 없이 걷기, 의로운 일 행하기, 진실을 말하기, 주님을 경외하는 이들 존중하기, 맹세 지키기이고, '~하지 않기'로 표현된 다섯 가지는 혀로 비방하지 않기, 친구에게 악을 행하지 않기, 이웃을 모욕하지 않기, 이자 받지 않기, 뇌물 받지 않기입니다.

이처럼 거룩한 하느님의 영역에 들어갈 수 있는 자격은 무엇보다도 이웃과의 관계에서 하느님의 백성답게 살아가는지의 여부가 결정적임을 알 수 있습니다. 열 개의 자격 요건이 제시하는 바는 결국 이웃과의 관계 안에서 지켜야 할 덕목이라고 할 수 있으며, 이는 개인의 인격적 완성을 목적으로 한다기보다 하느님과 올바른 관계를 맺기 위해 필요한 요소입니다.

이 시편에서 언급된 요건이 열 가지라는 점은 십계명과 같지만, 그 내용이 십계명과 정확히 일치하는 것은 아닙니다. 하지만 시인이 제시하는 요건들이 십계명의 근본 원리 가운데 하나인 '이웃 사랑'이라는 범주에 포함되기에, 그 안에 십계명의 정신이 스며있다고도 볼 수 있습니다.

맨 먼저 나오는 '흠 없이 걷기'에서 '흠 없음'은 완벽함을 뜻한다기보다 도덕적으로 온전한 삶을 의미하는데, 사실 열 가지 자격 요건을 크게 요약하면 다음과 같습니다.

첫 번째는 '말'과 관련된 것이 많습니다. 진실을 말하기, 혀로 비방하지 않기, 이웃을 모욕하지 않기가 이에 해당합니다. 시인은 이웃과의 관계에서 발생하는 가장 심각한 문제 가운데 하나를, 말에서 비롯된 관계의 틀어짐이라고 본 듯합니다.

무심코 내뱉은 말 한마디가 관계에 균열을 내거나 상대방에게 치명적인 상처를 남길 때가 있습니다. 공동체성이 강조되던 유목 생활에서 서로에 대한 신뢰의 파괴는 공동체를 와해하는 무서운 결과를 초래했기에, 시인은 말의 중요성을 시편의 문장구조를 통해서도 강조하고 있습니다.(3절)

A 혀(말)

B 악

A′ 말

시인은 '말'에서 '악'이 파생되고 있음을 보여주며, 말의 위험성을 경고합니다. 성경에는 유독 말의 능력, 말의 중요성, 혀의 힘 등에 관한 많은 구절이 있습니다. 특히 잠언이 그러합니다. 말로 저지르는 가장 큰 죄는 거짓 증언인데, 이웃의 생명을 앗아갈 위험이 있기 때문입니다.

다음으로 시편 저자는 '신의를 지키는 태도'를 강조합니다. 이는 올바른 대인관계를 유지하며 윤리적 삶을 살아가는 자세를 뜻합니다. 하느님을 경외함은 하느님과의 관계 안에서만이 아니라 이웃과의 관계 안에서도 드러나야 하기 때문입니다. 하느님 사랑과 이웃 사랑은 서로 분리될 수 없기에, 하느님 사랑과 이웃 사랑의 계명은 시편뿐 아니라 성경 전체를 관통하는 주제이기도 합니다.

하느님의 성소에 들어가기를 원하는 사람이 지녀야 할 또 하나의 요건은 흥미롭게도 돈과 관련되어 있습니다. 그것은 재물에 대한 의인의 태도에 관한 가르침이며, 이자와 뇌물을 받지 않을 것을 요구합니다. 이는 율법에서도 금지하고 있는 바로서, 많은 예언자가 비판한 부분이기도 합니다. 이자 또는 뇌물 수수를 금지하는 이유를 좀 더 세밀히 들여다보면 이렇습니다. 이자를 받음으로 가난한 사람은 더 가난하게 될 위험이 있기 때문이고, 뇌물을 받음으로 무고한 사람을 피해자로 만들 위험이 도사리고 있기 때문입니다. 하느님 백성에게 있어 절대 일어나서는 안 될 일입니다.

요약하자면, 하느님 집에 거할 수 있는 이는 마음에 율법을 새기고 삶에서 율법을 실천하는 사람입니다. 하느님의 집에 들어가는 자격을 갖추기 위해서는 열 가지 덕목을 지녀야 합니다. 시인이 제시하는 열 가지 덕목은 마치 한 사람의 윤리적 삶의 태도에 대한 '인성 성적표'의 항목들처럼 느껴집니다.

더 나아가 시인은 이런 사람에게 주어지는 약속에 대해서도 알려줍니다. "영원히 흔들리지 않으리라"는 약속입니다. 그가 서있는 곳이 하느님의 성전이며 하느님의 거룩한 산이기 때문입니다. 어떤 상황에서도 흔들리지 않을 수 있는 또 하나의 이유는 하느님께서 그를 붙들어 주시기 때문입니다. 따라서 하느님 집에 머무는 이에게 주어지는 약속은 궁극적으로는 하느님으로부터 받는 무언가가 아니라 '하느님 자체'라는 것을 알 수 있습니다.

시인은 이웃을 사랑하는 사람의 모습이 어떠해야 하는지 섬세하고 정밀한 청사진을 그려내며, 시편 초입에 던졌던 질문에 스스로 대답하고 있습니다. 바로 '이웃 사랑'이 하느님의 장막 안에 들어가고 하느님의 거룩한 산에 머물 수 있는 조건이라고 합니다. 이것은 마태오복음의 최후 심판 이야기(마태 25,31-46)를 떠올리게 합니다. 최후의 심판 때에 오른쪽 왼쪽으로 나뉘는 기준이 이웃 사랑의 실천 여부였기 때문입니다.

시편 저자가 열거한 열 가지 덕목은 하느님의 성소에 들어가기 원하는 사람들에게 요구되는 차별성이라고 할 수 있습니다. 하느님의 현존 앞에 살아가는 사람은 말과 행동, 마음 씀씀이 모든 면에서 어딘가 달라야 합니다. 이는 신앙과 삶이 분리될 수 없음을 보여줍니다.

우리는 어디쯤 와있나요?

하느님 집의 사람이 되기에 너무 멀리 떨어져 있지는 않은지 이 시편에 비추어 우리 영혼의 현재 좌표를 찍어 보아야겠습니다.

주님, 누가 당신 천막에
머물 수 있습니까?

제 친구에게 악을 행하지 않으며
제 이웃에게 모욕을 주지 않는 이라네

시편 18편

1 [지휘자에게. 주님의 종 다윗. 주님께서 그의 모든 원수들의
손아귀와 사울의 손에서 그를 건져주신 날, 그가 이 노래로
주님께 아뢰었다.

2 그는 말하였다.] 저는 당신을 사랑합니다,
주님, 저의 힘이시여.

3 주님은 저의 반석, 저의 산성, 저의 구원자
저의 하느님, 이 몸 피신하는 저의 바위
저의 방패, 제 구원의 뿔, 저의 성채이십니다.

4 찬양받으실 주님을 불렀을 때
나는 원수들에게서 구원되었네.

5 죽음의 오랏줄이 나를 두르고
멸망의 급류가 나를 들이쳤으며

6 저승의 오랏줄이 나를 휘감고
죽음의 올가미가 나를 덮쳤네.

7 이 곤경 중에 내가 주님을 부르고
내 하느님께 도움을 청하였더니
당신 궁전에서 내 목소리 들으셨네.
도움 청하는 내 소리 그분 귀에 다다랐네.

8 이에 땅이 흔들리며 떨고
산의 뿌리까지 소스라쳐 흔들렸으니
그분께서 진노하신 까닭이네.

9 그분 코에서는 연기가 오르고
입에서는 삼킬 듯 불길이 치솟았으며
그분에게서 숯불이 타올랐네.

10 그분께서 하늘을 기울여 내려오시니
먹구름이 그분 발밑을 뒤덮었네.

11 커룹 위에 올라 날아가시고
바람 날개 타고 떠가셨네.

12 어둠을 가리개 삼아 당신 주위에 둘러치시고
시커먼 비구름과 짙은 구름을 덮개로 삼으셨네.

13 그분 앞의 빛에서 뿜어 나오는 것
우박과 불타는 숯덩이들이었네.

14 주님께서 하늘에 우렛소리 내시고
지극히 높으신 분께서 당신 소리 울려 퍼지게 하셨네.
우박과 불타는 숯덩이들을 내리셨네.

15 당신 화살들을 쏘시어 그들을 흩으시고
수많은 번개로 그들을 혼란에 빠뜨리셨네. […]

17 그분께서 높은 데에서 손을 뻗쳐 나를 붙잡으시고
깊은 물에서 나를 끌어내셨네.

18 나의 힘센 원수에게서,
나보다 강한 적들에게서 나를 구하셨네. […]

22 내가 주님의 길을 지키고
나의 하느님을 배반하지 않았으며

23 그분의 모든 법규를 내 앞에 두고
그분의 규범을 내게서 물리치지 않았기 때문이네.

24 나 그분께 결백하게 지내 왔고
죄에 떨어질까 조심하였네.

25 주님께서 내 의로움에 따라 나에게 갚아주셨네.
그분 앞에서 지켜온 내 손의 결백함에 따라 갚아주셨네. [···]

36 당신께서는 구원의 방패를 제게 주시고
당신 오른손으로 저를 받쳐주시며
손수 보살피시어 저를 크게 만드셨습니다. [···]

51 주님께서는 당신 임금에게 큰 구원을 베푸시고
당신의 기름부음받은이 다윗과 그 후손에게
영원토록 자애를 베푸신다.

찾았다, 내 편!

고통은 삶의 동반자이지만, 그렇게 반가운 존재는 아닙니다. 그러나 그 불청객이 가끔은 진짜 내 편과 내 편을 가장한 사람을 구분하는 시금석이 되기도 합니다. 내가 고통 속에 있을 때 비로소 어떤 이의 속마음이 진심이었는지 또는 가식이었는지를 알아차리곤 합니다. 녹록지 않은 삶의 순간에 내 편이 있다는 건 내면에 든든한 버팀목이 있는 것과 같습니다. 나의 지지자가 나를 힘껏 받쳐주기 때문입니다. 때로는 토닥임으로, 때로는 맞장구로 내 편을 들어주는 사람이 있다는 사실만으로도 든든할 것입니다.

'내 편' 또는 '네 편'이라고 할 때의 편便은 사람 인人에 고칠 경更이 더해진 글자로 '편하다'라는 뜻을 지닌 글자입니다. 경更은 '두 개의 받침을 포개어 힘을 보태 굳건하게 만들다'라는 뜻에서 고치다, 개선하다, 다시 등의 의미도 가지고 있습니다. 이렇듯 '내 편'이라는 말 속에는 '나를 받쳐주는 힘'이라는 뜻이 들어있습니다. 내 편은 나의 아군이자 열렬한 지지자입니다.

시편을 읽다 보면 '하느님이 내 편이시다'라는 시인의 고백을 심심찮게 마주할 수 있습니다. 특히 이 표현은 신뢰 시편이나 감사 시편, 찬양 시편에서 자주 발견됩니다. 시인은 주님이 내 편이시기에 두렵지 않으며, 그분께 의지할 때마다 도우심과 은혜를 받았다고 고백합니다. 그런데 하느님을 '내 편'으로 체험했다는 고백은 어떻게 보면 어려운 상황, 위기의 순간을 맞닥뜨린 적이 있었다는 뜻이기도 합니다.

이 아름다운 시는 다윗의 작품으로 찬양 시편에 해당합니다. 이 시의 머리말에 상세하게 소개된 저작 배경에 따르면, 다윗이 하느님께서 그를 모든 원수와 사울의 손에서 구해주셨을 때 부른 노래라고 합니다. 이 시는 다윗의 구체적 경험에서 우러나온 찬양입니다. 마치 하느님을 찬양하지 않고는 도저히 견딜 수 없다는 듯, 다윗은 찬양에 찬양을 거듭합니다. 마치 여기저기 봉숭아 꽃씨가 터지듯 쉴 새 없이 하느님을 향한 찬양이 꼬리에 꼬리를 물고 길게 이어집니다. 시편 가득히 울려 퍼지는 그의 감격 어린 목소리는 하느님께서 어떤 분이신지 그리고 어떻게 그를 구원으로 이끄셨는지 들려줍니다. 다윗은 온전히 하느님 찬양에 몰두하고 있습니다.

시편 머리말에서 다윗은 자신을 주님의 종이라고 일컫습니다. '모든 원수를 물리치고 더구나 사울로부터 구원받았을 때'라는 머리말로 미루어 보아 우리는 그가 왕위에 올랐음을 짐작할 수 있습니다. 하지만 그는 자신을 주님의 종이라고 말할 뿐 자신의 왕권에 대해서는 아무런 언급을 하지 않습니다. '하느님의 종'은 모세와 그의 후계자 여호수아를 지칭하는 말입니다. 이 영예로운 칭호는 그 두 사람 외에는 오직 다윗에게만 주어진 것입니다.(시편 18편과 36편)

동서고금을 막론하고 예술과 문학의 단골 주제로 등장하는 소재가 있습니다. 바로 사랑입니다. “저는 당신을 사랑합니다”라는 문장으로 다윗은 찬양을 시작합니다. 이 한 마디로 우리는 그가 하나님과 사랑에 빠졌음을 알 수 있습니다.

‘사랑하다’에 해당하는 히브리어 동사는 ‘아하브(אהב)’인데, 일반적으로 감성적인 사랑을 의미하는 말이지요. 그러나 시편 18편에서는 독특하게도 ‘아하브’가 아니라 ‘라함’이라는 동사를 사용하여 사랑을 표현합니다. ‘라함(רחם)’은 어원적으로 ‘자궁’을 의미하는 ‘레헴(רֶחֶם)’에서 파생한 단어입니다. 이는 우리가 흔히 말하는 순간의 뜨거운 사랑, 감성적인 사랑, ‘눈에 콩깍지가 씌었다’라는 관용적 표현이 뜻하는 사랑과는 달리 사람의 가장 깊은 곳에서부터, 내장으로부터 또는 마음 밑바닥으로부터 사랑함을 의미하는 단어입니다. 그렇기에 ‘레헴’은 사람의 내장을 움직이는 동정심과 자비, 자애를 뜻하기도 합니다.

성경에서 라함과 레헴은 언제나 하나님께만 사용되는 동사입니다. 하나님의 모성적 사랑을 표현하기 위해, 하나님께서 사람을 당신의 ‘자궁에 품으셨다’, ‘내장 깊은 곳에 두셨다'라고 말하는 것입니다. 이 동사가 사람을 주어로 하는 경우는 시편 18편이 유일합니다. 그러므로 다윗의 '저는 당신을 사랑합니다'라는 고백은, 하느님을 향한 그의 사랑이 마음속 깊은 곳에서부터 우러나오는 진실한 것임을 가리킨다고 할 수 있습니다.

사랑꾼 다윗은 하느님을 무려 여덟 가지 상징에 빗대어 노래합니다. 자신이 체험한 하느님을 서술하기 위해 나의 힘, 나의 반석, 나의 요새, 나를 건지시는 분, 나의 바위, 나의 방패, 나의 구원의 뿔, 나의 산성이라는 은유를 사용합니다. 이 고백들이 단지 피상적이거나 관념적이지 않습니다. 다윗이 모든 은유에 '나의'라는 수식어를 계속 붙이며 하느님과의 관계 안에서 경험한 그분의 권능과 구원이 실제적이고 구체적인 것임을 강조하기 때문입니다. 이 시편에는 도움을 간구하는 청원이 하나도 나타나지 않습니다. 무기력했던 상황, 죽음의 위협이 들이닥친 그 시간에 하느님께서 이루어 주신 놀라운 구원에 대한 감사와 찬양만이 있을 뿐입니다. 찬양은 하느님을 살아계신 구원자로 인식하는 행위이자 '자신을 하느님께 열정적으로 내어 맡기는 행위'입니다.

시편 저자의 원수들과 대적하기 위해 전쟁에 출정하시는 하느님을 묘사하는 표현들이 마치 시나이산에서의 하느님 현현(탈출 19,16-20)을 상기시킨다는 사실이 흥미롭습니다. 탈출기의 저자는 시나이산에 내려오시는 하느님을 땅의 진동, 구름, 우박, 불타는 숯덩이, 번개 등 다채로운 자연현상에 빗대어 표현하며 엄위하신 그분의 영광을 그려냈습니다. 다윗도 비슷한 시적 표현을 통해 자기를 구원하신 하느님의 권능을 노래합니다. '땅이 흔들리며 떨고 산의 뿌리까지 소스라쳐 흔들렸으며, 그분 코에서는 연기가 그분 입에서는 불길이 치솟았고 그분에게서 숯불이 타올랐으며, 먹구름이 그분 발밑을 뒤덮고 바람 날개를 타고 가시며, 어둠과 시커먼 비구름과 짙은 구름을 덮개로 삼으셨다'라는 표현에서 시나이산 장면 이미지가 섬광처럼 스쳐갑니다.

이뿐만 아니라 다윗은 시나이산에서의 다른 중요한 사건과 자신의 구원 체험을 연결 짓습니다. '내가 주님의 길을 지키고 모든 법규와 규범을 지켰다'(22-23절)라는 다윗의 말은 시나이산에서 맺은 계약과 그곳에서 받은 율법을 상기시킵니다. 다윗은 이스라엘 민족의 구원 체험과 자신의 개인적 구원 체험을 연결하면서, 자신에게 이루어진 하느님의 구원이 강력하고도 중요한 사건이었음을 면면이 드러내고 있습니다.

'주님의 길을 지키고 모든 법규를 지켰다'라는 다윗의 고백은 그의 마음이 언제나 하느님 중심으로 움직였다는 의미입니다. 그는 우리에게, 하느님은 늘 당신의 계명을 마음에 간직하고 살아가는 이의 편이 되신다는 확신을 선사합니다. 이 구절이 시편 18편의 중심 위치에 놓여있다는 것만 보아도 그가 하느님의 법을 마음에 새기고 실천하는 것을 매우 강조하고 있음을 알 수 있습니다.

앞서 라함과 레헴이 가진 어원적 의미에서도 보았듯, 성경에서의 사랑은 단순히 감정적인 것이 아니라 행동을 통해 하느님을 사랑하는 것, 곧 하느님의 말씀을 실천하는 것입니다. 성경에서 말하는 사랑은 이렇듯 오직 하느님과 관련 있습니다. 보이지 않는 하느님을 사랑하는 일은 오로지 그분의 말씀을 실천하는 데서 드러난다고 여겼기 때문입니다.

> 저는 당신을 사랑합니다, 주님, 저의 힘이시여(2절)
>
> 주님께서는 … 영원토록 자애를 베푸신다(51절)

'사랑한다'라는 고백으로 시작한 기도는 하느님의 사랑을 의미하는 '자애'라는 문장으로 끝을 맺습니다. 이는 마치 사람의 사랑과 하느님의 사랑이 서로 응답하고 공명하는 것 같습니다. 다윗은 과거의 기억을 되짚어 보는 회상의 시간을 통해 하느님께서 '내 편이셨다'라는 고백을 찬양 형식으로 풀어냅니다. 하느님께서 내 편이라는 고백은 달리 말하면 '나도 하느님 편이 되겠다'라는 고백입니다. 다윗은 하느님이 '내 편'이시기에 삶의 온갖 아픔을 꿋꿋하게 이겨내며 사랑으로 승화할 수 있음을 일러줍니다.

시편 19편

1 [지휘자에게. 시편. 다윗]

2 하늘은 하느님의 영광을 이야기하고
창공은 그분 손의 솜씨를 알리네.

3 낮은 낮에게 말을 건네고
밤은 밤에게 지식을 전하네.

4 말도 없고 이야기도 없으며
그들 목소리조차 들리지 않지만

5 그 소리는 온 땅으로,
그 말은 누리 끝까지 퍼져 나가네.
그곳에 해를 위하여 천막을 쳐 주시니

6 해는 신방에서 나오는 신랑 같고
용사처럼 길을 달리며 좋아하네.

7 하늘 끝에서 나와
다시 끝으로 돌아가니
아무것도 그 열기 앞에서 숨을 수 없네.

8 주님의 가르침은 완전하여
생기를 돋게 하고
주님의 법은 참되어
어수룩한 이를 슬기롭게 하네.

9 주님의 규정은 올발라서
마음을 기쁘게 하고
주님의 계명은 맑아서
눈에 빛을 주네.

10 주님을 경외함은 순수하니
영원히 이어지고
주님의 법규들은 진실이니
모두가 의롭네.

11 금보다, 많은 순금보다
더욱 보배로우며
꿀보다 생청보다
더욱 달다네.

12 당신의 종도 이에 주의를 기울이니
이를 지키면 큰 상급을 받으리이다.

13 뜻 아니한 허물을 누가 알겠습니까?
숨겨진 잘못에서 저를 깨끗이 해주소서.

14 또 오만한 자들에게서 당신 종을 보호하소서.
그들이 제 위에 군림하지 못하게 하소서.
그러면 제가 결백해지고
커다란 죄악에서 깨끗해지리이다.

15 주님, 저의 반석, 저의 구원자시여
당신 앞에 드리는 제 입의 말씀과
제 마음의 생각이 당신 마음에 들게 하소서.

거울아, 거울아!

사물을 있는 그대로 비추어주는 거울은 일상생활에서 요긴하게 쓰이는 물건 가운데 하나입니다. 특히 여성은 거울을 통해 수시로 자신의 모습을 확인하고 싶어 합니다. 인간만이 거울을 보고 모습을 확인합니다. 사람의 눈은 스스로를 볼 수 없기에 거울의 도움을 받습니다. 우리의 모습을 그대로 드러내 주는 거울의 특성으로 말미암아, 거울은 모범이나 교훈의 의미도 지니고 있습니다. 거울은 빛의 반사를 이용하여 물체의 모양을 비추어 보게 합니다. 그러므로 빛이 없는 깜깜한 곳에서는 거울에 아무것도 나타나지 않는다는 뜻이기도 합니다. 우리가 세상을 보는 원리도 이와 같습니다. 우리 눈에 들어온 빛을 통하여 자신과 타인을 봅니다.

거울은 참으로 고마운 물건이지만 안타깝게도 외적 모습만을 비춰줄 뿐 내면까지 보여주지는 못합니다. 한편 신앙인에게는 내면까지 고스란히 비춰주는 거울이 존재하는데, 그것은 과연 무엇일까요? 바로 하느님입니다. 하느님이라는 거울은 우리가 깨뜨릴 수 있는 것도 아니고, 그 앞에 서면 우리 모습을 감출 수도 꾸밀 수도 없습니다. 그 거울은 특히 우리 마음을 속속들이 훑어냅니다. 이스라엘 백성도 이 독특한 거울에 자신의 삶을 비춰보고 점검했습니다. 그들이 지녔던 거울의 이름은 '율법'이었습니다. 그들은 하느님의 말씀이 깃든 그 거울을 통해 자신들의 마음속 깊은 곳을 들여다보았습니다.

시편 19편은 우리에게 두 개의 거울을 소개합니다. 하나는 '자연'이라는 이름의 거울이고 다른 하나는 '율법'이라고 불리는 거울입니다. 자연은 '하느님'을 비춰주고, 율법은 '사람의 내면'과 그의 '삶'을 비춰줍니다.

이 아름다운 시편의 저작권은 다윗에게 있습니다. 그는 온 우주가 하느님의 창조 세계라고 노래하면서 하느님이 어떤 분이신지를 들려줍니다. 다윗이 창조 세계의 질서에 경탄하며 찬양하는 이유는, 온 세상이 하느님의 지혜로운 솜씨로 빼곡하게 채워져 있음을 보았기 때문입니다. 그는 창조 세계에 반영된 하느님의 모습과 그분의 영광을 발견했던 것입니다.

이 시편은 삼부작으로 구성되어 있습니다. 첫 부분(2-7절)은 창조 세계에 대한 찬양을, 그다음 부분(8-11절)은 하느님의 말씀인 율법에 대한 찬양을, 마지막 부분(12-15절)은 시인의 결심과 청원을 담고 있습니다. 첫 부분은 '하늘'에서 시작하여 '하늘'로 끝마치는 이야기인데, 주인공은 '태양'입니다. 시인은 창조 세계의 위대함을 설명하기 위해 태양을 예로 들며, 정해진 질서에 따라 움직이는 태양의 모습을 다양한 비유로 묘사합니다. 동쪽에서 떠오르는 태양의 모습은 마치 신방에서 나오는 신랑처럼 환하고, 이글거리는 태양은 용맹한 용사처럼 내달린다고 말합니다. 또한 그 누구도 태양이 쏘아대는 빛의 열기를 피할 수 없다고 하면서, 이렇듯 정교한 자연의 법칙은 인간에게 경외심을 불러일으키는 경이로움의 결정체라고 말합니다.

주목할 것은 시인이 이토록 위대한 태양이 하느님의 창조물 가운데 하나에 불과하다고 분명하게 명토 박아 말한다는 점입니다. 이집트인들이 태양신을 숭배했듯이, 고대에 태양은 종종 신으로 추앙받았습니다. 하지만 태양이 아무리 강력하고 생명에 꼭 필요한 에너지를 내뿜는 존재라 할지라도, 그것은 피조물일 뿐이기에 하느님이 정해놓으신 질서에 순응해야 하며 창조주를 찬양해야 한다고 선언하면서 태양에 씌워진 신화적 이미지를 벗겨냅니다.

태양은 날마다 되풀이되는 자신의 고유한 역할에 충실합니다. 아침마다 새롭게 떠오르고, 위치에 따라 24절기를 이루며, 암흑을 몰아내고 모든 것에 생명을 줍니다. 시인은 그 누구도 이 태양의 열기를 피할 수 없다고 강조하는가 싶더니 뒤이어 곧바로 율법을 찬양하기 시작합니다. 시편의 두 번째 부분에서, 율법은 태양의 역할을 대체합니다. 시인은 태양이 생명을 주듯이 율법도 사람의 내적인 눈을 밝혀주어 죄를 멀리하게 하여 생명의 길로 이끌어 준다고 말합니다. 율법 역시 태양처럼 사람의 눈을 환히 밝혀주고 신앙의 본질을 꿰뚫어 보게 만들기 때문입니다. 태양이 자연의 위대한 선물이듯, 율법은 위대한 신앙의 유산이라고 역설하며 율법이 삶에 끼치는 영향력에 대하여 인상 깊게 풀어냅니다.

이처럼 시편 19편은 하느님께서 당신을 드러내시는 두 가지 방식을 보여줍니다. 다시 말하면 하느님은 창조주이자 생명의 말씀인 율법의 수여자이시기에, 이 시편은 찬양 시편 또는 지혜 시편으로 분류할 수 있습니다. 시의 앞 부분(2-7절)은 창조에 대한 찬양시에 가깝고 뒷부분(8-15절)은 율법과 관련된 지혜시에 가깝기 때문인데, 그럼에도 두 부분은 이질적이지 않습니다. '태양'이라는 공통 심상이 두 부분의 찬양을 그 어떤 접속사보다 강하게 하나로 묶어주는 역할을 하고 있어서입니다.

율법을 강조하는 두 번째 부분의 8-10절을 살펴보면 각 연의 첫째 행은 모두 명사형으로 시작하고 둘째 행에서는 율법이 삶에 끼치는 영향에 대하여 서술합니다.

주님의 가르침은 완전하여
생기를 돋게 하고
주님의 법은 참되어
어수룩한 이를 슬기롭게 하네.

주님의 규정은 올발라서
마음을 기쁘게 하고
주님의 계명은 맑아서
눈에 빛을 주네.

주님을 경외함은 순수하니
영원히 이어지고
주님의 법규들은 진실이니
모두가 의롭네.

비록 우리말에서는 잘 드러나지 않지만, 율법의 특성을 설명하는 이 구절들을 히브리어로 보면 각 행이 다섯 개의 단어로 정교하게 구성되어 있습니다. 예를 들어 9절을 보면 이렇습니다.

> 주님의 규정은 올발라서 마음을 기쁘게 하고
>
> **פקודי יהוה ישרים משמחי לב**
>
> 주님의 계명은 맑아서 눈에 빛을 주네
>
> **מצות יהוה ברה מאירת עינים**

다섯 단어로 이루어진 한 행은 모세오경을 암시합니다. 율법, 곧 토라의 중요성을 문장구조를 통하여 분명하게 드러내며 절묘하게 표현하고 있습니다.

그뿐만 아니라 율법을 지칭하는 어휘도 무려 여섯 가지가 나열됩니다.(주님의 가르침, 주님의 법, 주님의 규정, 주님의 계명, 주님을 경외함, 주님의 법규들) 아울러 토라가 지닌 특성도 여섯 가지로 표현됩니다.(완전하고, 참되고, 올바르고, 맑고, 순수하며, 진실하다) 더 나아가 주님의 율법, 곧 토라가 우리의 삶에 미치는 영향력에 대한 서술 역시 여섯 번 등장합니다.

(사람에게 생기를 주고, 슬기롭게 하고, 마음을 기쁘게 하고, 눈에 빛을 주며, 주님을 영원히 경외하게 하고, '주님의 의로운 법'이 우리 삶에 구현된다)

치밀하게 짜인 문장구조와 문학적 표현을 통해 시인이 율법을 얼마나 소중하게 생각하고 있는지가 드러납니다. 이는 뭇시선을 집중시킵니다. 시인의 치열한 사유 흔적은 다른 문학 장치에서도 발견됩니다. 이를테면 일곱 번 사용되는 하느님의 이름이 그렇습니다. 흥미로운 사실은 하느님의 이름이 문맥에 따라 다르게 사용되고 있다는 것입니다. 가령 창조주 하느님을 일컬을 때는 일반적으로 창조의 하느님을 의미하는 '엘(אל)'의 호칭을 사용하고, 율법을 통하여 맺어진 계약의 백성 이스라엘에게 당신을 드러내시는 하느님은 '주님(아도나이)'으로 쓰고 있습니다. 이렇듯 시인은 문학적 감성으로 표현들 하나하나에 의미를 부여하고 있습니다. 시인의 예리한 사유의 흔적이 읽는 재미를 더해줍니다.

또한 시인은 '금'과 '꿀'이라는 두 개의 비유를 통하여 하느님의 율법이 얼마나 값지고 고귀한 것인지를 강조합니다.

이 구절은 주님의 법, 율법을 순금과 생청에 비유하며 끝맺습니다. 이는 서로 쌍을 이루며 나타납니다.

금 - 순금

꿀 - 생청

시인은 점층법을 사용하여 비슷한 어휘의 반복으로 내용의 비중이나 강도를 점점 높여가며 비교 대상을 더욱더 강조하고 있습니다. 그뿐만 아니라 다양한 문학적 기교를 활용하여 메시지를 한층 더 풍요롭게 하는데, 특히 이 시의 후반부에는 온통 율법에 대한 사랑을 드러내는 다채로운 문학적 표현이 등장합니다. 창조 세계의 모든 자연법칙이 하느님의 섭리와 통치 안에서 한 치의 오차 없이 작동하듯이, 하느님께 예속되어 있는 인간도 하느님의 율법에 따라 살아가야 하는 존재임을 강조합니다.

이 시편의 끝자락에서 다윗은 자기 내면을 바라봅니다. 자신의 부족을 인정하고 그동안 알게 모르게 행한 "숨겨진 잘못"에 대해 용서를 청합니다. 그는 거룩한 율법에 자신의 삶을 비추어 보며 허물없이 살아가길 희망합니다. 그리고 자신이 하는 말과 마음의 생각이 하느님 마음에 들기를 기도하며 이 시를 끝맺습니다.

이 시에서 언급하고 있는 태양과 율법은 모두 생명을 상징합니다. 다윗은 자연의 거울과 말씀의 거울을 통해 그 생명을 발견할 수 있다고 말하는데, 우리도 그가 소개하는 두 개의 거울로 창조 세계 안에서 하느님을 발견하며 자신의 내면 또한 살펴보면 좋겠습니다.

두 개의 거울을 손에 드는 일은, 보다 나은 신앙의 삶을 위한 첫 걸음이 됩니다. 한 손에는 자연의 거울을, 한 손에는 말씀의 거울을 들고 주문을 외워보는 것은 어떨까요?

"거울아, 거울아! 이 세상에 계신 하느님을 보여주렴!"
"거울아, 거울아! 내 마음 깊은 곳을 보여주렴!"

시편 22편

1 [지휘자에게. '새벽 암사슴' 가락으로. 시편. 다윗]

2 저의 하느님, 저의 하느님, 어찌하여 저를 버리셨습니까?
소리쳐 부르건만 구원은 멀리 있습니다.

3 저의 하느님, 온종일 외치건만 당신께서 응답하지 않으시니
저는 밤에도 잠자코 있을 수 없습니다.

4 그러나 당신은 거룩하신 분
이스라엘의 찬양 위에 좌정하신 분.

5 저희 선조들은 당신을 신뢰하였습니다.
신뢰하였기에 당신께서 그들을 구하셨습니다.

6 당신께 부르짖어 구원을 받고
당신을 신뢰하여 부끄러운 일을 당하지 않았습니다.

7 그러나 저는 인간이 아닌 구더기
사람들의 우셋거리, 백성의 조롱거리.

8 저를 보는 자마다 저를 비웃고
입술을 비쭉거리며 머리를 흔들어 댑니다.

9 “주님께 맡겼으니 그분께서 그자를 구하시겠지.
그분 마음에 드니 그분께서 구해내시겠지.”

10 그러나 당신은 저를 어머니 배 속에서 이끌어 내신 분
어머니 젖가슴에 저를 평화로이 안겨주신 분.

11 저는 모태에서부터 당신께 맡겨졌고
제 어머니 배 속에서부터 당신은 저의 하느님이십니다.

12 제게서 멀리 계시지 마소서.
환난이 다가오는데 도와줄 이 없습니다.

13 수많은 수소들이 저를 에워싸고
바산의 황소들이 저를 둘러싸

14 약탈하고 포효하는 사자처럼
저를 향하여 입을 벌립니다.

15 저는 물처럼 엎질러지고 제 뼈는 다 어그러졌으며
제 마음은 밀초같이 되어 속에서 녹아내립니다.

16 저의 힘은 옹기 조각처럼 마르고
저의 혀는 입속에 들러붙었습니다.
당신께서 저를 죽음의 흙에 앉히셨습니다.

17 개들이 저를 에워싸고
악당의 무리가 저를 둘러싸 제 손과 발을 묶었습니다.

18 제 뼈는 낱낱이 셀 수 있게 되었는데
그들은 저를 보며 좋아라 합니다.

19 제 옷을 저희끼리 나누어 가지고
제 속옷을 놓고서는 제비를 뽑습니다.

20 그러나 주님, 당신께서는 멀리 계시지 마소서.
저의 힘이시여, 어서 저를 도우소서.

21 저의 생명을 칼에서,
저의 목숨을 개들의 발에서 구하소서.

22 사자의 입에서,
들소들의 뿔에서 저를 살려내소서.
당신께서는 저에게 대답해 주셨습니다.

23 저는 당신 이름을 제 형제들에게 전하고
모임 한가운데에서 당신을 찬양하오리다.

24 주님을 경외하는 이들아, 주님을 찬양하여라.
야곱의 모든 후손들아, 주님께 영광 드려라.
이스라엘의 모든 후손들아, 주님을 두려워하여라.

25 그분께서는 가련한 이의 가엾음을
업신여기지도 싫어하지도 않으시고
그에게서 당신 얼굴을 감추지도 않으시며
그가 당신께 도움 청할 때 들어주신다.

26 큰 모임에서 드리는 나의 찬양도 그분에게서 오는 것이니
그분을 경외하는 이들 앞에서 나의 서원을 채우리라.

27 가난한 이들은 배불리 먹고
그분을 찾는 이들은 주님을 찬양하리라.
너희 마음 길이 살리라!

28 세상 끝이 모두 생각을 돌이켜 주님께 돌아오고
민족들의 모든 가문이 그분 앞에 경배하리니

29 주님께 왕권이 있고
민족들의 지배자시기 때문이다.

30 세상의 모든 권세가들이
오직 그분께 경배하고
흙으로 내려가는 모든 이들이
그분 앞에 무릎을 꿇으리라.
내 영혼은 그분을 위하여 살고

31 후손은 그분을 섬기리라.
장차 올 세대에게 주님의 이야기가 전해져

32 그들은 태어날 백성에게 그분의 의로움을 알리리니
주님께서 이를 행하셨기 때문이다.

한계 상황, 막다른 골목

'한계 상황'이란 인간의 힘으로는 어찌할 수 없는 막다른 골목과 같습니다. 독일 철학자 칼 야스퍼스는 '한계 상황'이라는 용어를 처음으로 철학에 도입한 사람입니다. 그는 인간이 살아가면서 변화시키거나 만들어 가는 여러 가지 일상적 상황과는 달리 절대 넘을 수도, 피할 수도 없는 상태를 '한계 상황'이라고 정의합니다. 그가 제시하는 한계 상황은 생로병사, 고독, 방황, 갈등, 죄책감 이렇게 다섯 가지인데, 상황의 한계라기보다 인간의 존재론적 한계를 의미하는 것들입니다.

시인은, 한계 상황이라는 암울한 벽이 가로막고 있어도 도피하거나 외면하지 않는다면 진정한 자신을 발견하는 기회가 된다는 희망의 메시지를 전합니다. 인간 존재에 대한 시인의 철학적 통찰은 큰 울림을 줍니다. 우리의 한계를 넘어서도록 독려하고 있기 때문입니다.

시편 22편의 저자는 출구 없는 막다른 골목에 다다른 대표적 인물입니다. 그의 고통이 아연실색할 정도로 참혹하게 묘사되고 있습니다. 시인은 가느다란 희망의 빛조차 밝히기 어려운 처지이지만, 낙담하거나 무기력에 빠지기보다 오히려 하느님을 자신이 맞닥뜨린 그 절망의 심연으로 조용히 끌어당기고 있습니다. 시인이 이 시편을 통해 우리에게 전하는 놀라운 가르침은, 인간이 도저히 넘을 수 없을 듯한 나락의 상황이 실은 인간의 한계와 무한한 가능성이 서로 교차하는 지점이라는 것입니다. 다시 말하면, 인간 존재가 한계와 무한한 가능성을 동시에 지니고 있음을 깨닫게 합니다. 어려움에 직면했을 때 어떤 선택을 할 것인가 하는 것은 우리의 몫이라는 말입니다.

시편 22편은 다윗의 노래입니다. 하지만 시에서 묘사하는 상황이 다윗의 생애 가운데 구체적으로 어느 사건과 연관된 것인지 짐작하기는 쉽지 않습니다. 고통에 관한 서술이 생생하고 사실적이지만 그에 반해 역사적 배경에 대한 직접적 암시는 없기 때문입니다. 이 시편의 머리말은 이 노래를 '새벽 암사슴 가락'으로 부르도록 제시하고는 있지만, 안타깝게도 이 멜로디가 무슨 선율인지, 어떤 악상기호를 의미하는 것인지는 불분명합니다. 다만 이 시편이 고통당하는 의인의 노래임을 염두에 둔다면 밝고 즐거운 분위기를 조성하는 가락은 분명 아니었을 겁니다.

시편은 "저의 하느님, 저의 하느님, 어찌하여 저를 버리셨습니까?"라는 애절한 외침으로 시작됩니다. 두 번의 반복이 애절함을 더욱 강조합니다. 그의 마음은 두려움으로 물들어 있습니다. 이 부르짖음에서 시인이 지금 견뎌내야 하는 고통은 육체적인 아픔이나 핍박하는 자들의 조롱이 아니라 하느님으로부터 버림받은 느낌임을 알아차릴 수 있습니다. 이 외침은 비탄이나 절망이라기보다는 당혹스러운 질문에 더 가깝다고 하겠습니다. 시인은 비참하게 버려졌고 아무런 응답을 받지 못하는 현실에 처해있으면서도, 그는 여전히 하느님과 연결된 끈을 놓지 않고 있습니다. 그는 친밀감을 드러내는 표현인 '나의'를 사용하며 자신의 기도를 시작합니다. 여전히 침묵하시는 하느님 앞에서 세 번이나 '저의 하느님'이라고 외칩니다.

> 저의 하느님, 저의 하느님,
> 어찌하여 저를 버리셨습니까?(2절)
> 저의 하느님,
> 온종일 외치건만 당신께서 응답하지 않으시니…(3절)

이 구절은 우리 귀에 매우 익숙합니다. 십자가상 예수님의 절규였기 때문입니다. 이 시편은 신약성경에서 그리스도의 수난과 연결됩니다. 신약성경 저자들이 시편 저자의 실제 경험을 예수님의 삶에 적용한 것을 '메시아 시편'이라고 부르는데, 그 가운데 시편 22편은 수천 년 전 시인이 겪은 고난이 예수 그리스도의 수난을 묘사하는 부분에서 생생한 고통으로 재연되기에 '수난 시편'이라고도 일컬어집니다. 예를 들면 군중과 제사장들의 조롱, 군인들이 예수님의 옷을 놓고 제비뽑기하는 장면, 부러진 뼈, 목마름, 손과 발을 뚫음, 신 포도주를 적신 해면을 갖다 댄 일 등이 시편 22편과 예수님의 수난이 만나는 지점입니다.

하느님은 그를 버리셨고 시인은 하느님을 잃었습니다. 그런데 그가 하느님께만 버림받은 것만이 아니라 익명의 숱한 이웃에게서도 버림받았음을 알 수 있습니다. 시인은 자신의 고립과 상실에 대하여 '사람들의 조롱거리'가 되었고 '우셋거리'가 되어 마치 '벌레처럼 되었다'라고 탄식하고 있기 때문입니다. 자신은 지금 익숙한 모든 것과 절연된 상태입니다. 이렇듯 시인이 처한 상황은 점점 나빠지고 있는데 그의 믿음은 점점 더 강해지는 것이 놀랍습니다. 가혹한 운명 앞에서도 자신을 모태에서부터 빚으시고 어머니 배 속에서 이끌어 내신 하느님(10–11절)을 떠올리고 있기 때문입니다. 그는 자신의 선조들이 하느님께 의지하여 구원받았음을 기억할 뿐만 아니라(5–6절), 자기가 태어나기 전부터 하느님은 자신의 하느님이셨음을 깨닫습니다. 이러한 자각은 악인들에게 고통당하는 자신의 처지를 하느님께 모두 아뢰고자 하는 의지를 불러일으킵니다.

시인의 이러한 모습이 눈길을 사로잡습니다. 그가 신앙의 눈으로 자신의 고통과 주변을 살피기 때문입니다. 이 시편에서 가장 인상적인 대목이라 할 수 있겠습니다. 처한 상황 때문에 하느님을 향한 마음이 흔들리기보다는, 하느님에 대한 신뢰를 바탕으로 자신에게 일어나는 사건과 주변 상황을 둘러보고 있기 때문입니다. 선조들에게 베푸신 구원을 호소하는 가운데, 자신의 존재 자체가 오로지 하느님의 섭리 안에서 시작되었고 이어져 왔음을 깊이 통찰합니다. 그러고 나서 자신의 운명에 가장 근본적으로 긴밀하게 연결된 분을 향해 도움을 간청하기 시작합니다. 시인의 눈에는 자신에게 곤경이 임박했는데 하느님께서는 너무 멀리 계시기 때문입니다. 그는 악의와 조롱이 담긴 극언들로 말미암아 비틀거리면서도 '제게서 멀리 계시지 마소서'라고 기도하며 고통을 감내하고 있습니다.

시인은 지금 아찔한 생사의 고비를 넘나들고 있습니다. 여기에 사용된 고난의 언어가 너무나 생생하고 세세해서 실제 경험, 있는 그대로의 상황을 묘사하고 있다는 생각마저 들게 합니다. 시인이 맞닥뜨린 상황은 절망적입니다. 그가 겪는 육체적 아픔은 그를 둘러싼 '악한 무리' 때문에 더 악화됩니다. 시편 22편은 의인에게 그늘을 드리우는 악인의 서사를 보는 듯합니다. 시인의 적들이 얼마나 강한지 수많은 수소, 바산의 황소, 포효하는 사자들에 빗대어 묘사하며 독자의 상상력을 자극합니다. 그는 또한 시적 과장법을 사용하여 자신이 '엎질러진 물과 같고, 뼈는 다 어그러졌고, 마음은 밀초처럼 녹아내리고, 힘은 옹기 조각처럼 마르고, 혀는 입속에 들러붙었고, 죽음의 흙에 앉았고, 손과 발이 묶였고, 뼈는 셀 수 있게 되었다'라며 내적 무력함을 여실히 드러냅니다.

이어 시인은 위협적인 동물의 이미지 곧 개들, 개들의 발, 사자의 입, 들소의 뿔이라는 말로 자신의 고통을 인상적으로 표현합니다. 연속되는 악재의 묘사가 매우 극적이기에, 마치 고통의 단막극을 보는 듯합니다. 극심한 좌절감에 사로잡힌 시인은 자신의 죽음을 예견하고 있습니다. 절망의 심연에 속절없이 끌려 들어가는 시인이 처해있는 참혹한 현실이 우리마저 고통의 심연 속으로 떨어뜨리는 듯합니다.

시편 22편은 여느 탄원 시편과는 달리, 악인들의 모습을 적나라하게 묘사하기는 하지만, 그들에 대한 보복은 언급하지 않습니다. 박해의 광풍 속에서도 현실을 직시하며 운명과 의연하게 대결하는 인간의 면면을 그려내고 있을 뿐입니다. 시편 22편을 노래하는 시인은 이 참혹한 현실 속에서도 희망의 의지를 꺾지 않습니다. 그는 도저히 벗어날 수 없는 절박한 현실에서 하늘을 향하여 얼굴을 들기 시작합니다. 어느덧 탄식은 잦아들고 하느님께 구원을 간청하기 시작합니다. 이것이 초월입니다. 그리고 갑자기 국면이 전환됩니다. 기도에서 찬양으로, 고통에서 승리로 시편의 어조가 바뀌고 있습니다. 하느님을 찬양하는 시인의 목소리에 언뜻언뜻 빛 자국이 묻어납니다.

하느님의 도움이 구체적으로 어떻게 이루어졌는지는 알 수 없지만, 시인은 "당신께서는 저에게 대답해 주셨습니다"(22절)라고 말하며 하느님의 구원을 증거하고 있습니다. 시인은 그동안의 단절과 고립을 용해하고 '형제', '모임 한가운데', '큰 모임', '장차 올 세대'로 표현되는 공동체의 삶으로 복귀합니다. 하느님께서 그를 찾아오셔서 구원을 이루어 주셨기 때문입니다. 시인은 하느님을 향한 찬양을 시작하는데, 이 찬양은 그가 속한 공동체로 그리고 세상의 모든 민족에게로 점점 확대되어 거대한 합창을 이룹니다.

너무 고통에만 초점을 두면 고통 너머의 것을 보지 못하는 법입니다. 하느님의 눈으로, 신앙의 눈으로 본다면 고통에 담긴 초월자의 암호를 풀 수 있게 됩니다. 인생에 큰 파열음을 일으키는 고통은, 우리 내면을 깊이 바라보게 하고 삶을 밀도 있게 빚어 가는 방법을 일러주기도 합니다. 아울러 시인은 우리 마음이 헝클어져 한恨 품은 괴물이 되지 않기 위해서는 하느님을 바라보아야 한다고 말합니다. 하느님은 실재하는 우리의 희망이시기 때문입니다. 시편 22편의 시인처럼, 우리가 맞닥뜨리는 압도적인 절망의 순간마다 무한한 가능성이라는 역설 곧 '하느님'을 만나게 되기를 빕니다.

주님, 당신께서는 멀리 계시지 마소서
저의 힘이시여, 어서 저를 도우소서

시편 23편

1 [시편. 다윗]
주님은 나의 목자, 나는 아쉬울 것 없어라.

2 푸른 풀밭에 나를 쉬게 하시고
잔잔한 물가로 나를 이끄시어

3 내 영혼에 생기를 돋우어 주시고
바른길로 나를 끌어주시니
당신의 이름 때문이어라.

4 제가 비록 어둠의 골짜기를 간다 하여도
재앙을 두려워하지 않으리니
당신께서 저와 함께 계시기 때문입니다.
당신의 막대와 지팡이가
저에게 위안을 줍니다.

5 당신께서 저의 원수들 앞에서
저에게 상을 차려주시고
제 머리에 향유를 발라주시니
저의 술잔도 가득합니다.

6 저의 한평생 모든 날에
호의와 자애만이 저를 따르리니
저는 일생토록
주님의 집에 사오리다.

노래가 된 기도, 기도가 된 노래

넓은 벌 동쪽 끝으로
옛이야기 지줄대는 실개천이 휘돌아 나가고
얼룩백이 황소가 해설피 금빛 게으른 울음을 우는 곳
그곳이 차마 꿈엔들 잊힐 리야…

정지용 시인의 <향수>는 노래를 덧입고 더 유명하게 되었습니다. 그야말로 시가 된 노래이고 노래가 된 시입니다. 시편도 본래 시이고 기도이지만, 가락을 만나 시가 노래가 되고 기도가 노래가 되었습니다.

시편이라는 명칭은 히브리어로 '테힐림(תְּהִלִּים)'인데, 이 말은 '찬양의 책'이라는 뜻입니다. '찬양의 책'이라는 명칭에 걸맞게 시편은 삶과 음악이 만나는 책입니다. 삶을 노래한 시에 멜로디가 입혀지면서 기도와 찬양이 하나가 되어 다양한 삶의 자리에서 불리게 되었기 때문입니다.

시편의 가사는 현실의 삶에 바탕을 둔 언어이자, 하느님을 향한 간절한 호소입니다. 이렇듯 시가 노래가 되고 기도가 노래가 되었다는 사실은, 시편에 나타나는 다양한 악상 기호만 봐도 알 수 있습니다. 시편 4편부터 등장하는 악상 기호를 나열해 보면 다음과 같습니다. 현악기와 더불어 제8도로, 시까욘, 기팃, 알뭇 라벤, 믹탐, 여두툰의 가락으로, 새벽 암사슴 가락으로, 나리꽃 가락으로, 알 타스헷, 알 수산 애둣 등입니다.

하지만 안타깝게도 이러한 시편의 음악적 지시어들이 구체적으로 어떤 뜻인지는 알 수 없습니다. 한 가지 확실한 것은 비록 악보가 그려져 있지 않다고 하더라도 시편은 곡이

붙은 찬송가라는 점입니다. 또한 시편을 노래할 때 피리, 수금, 손북, 현악기, 자바라, 뿔나팔, 비파 등 악기들도 다양하게 사용했음을 확인할 수 있습니다. 그리고 시편이 악기 연주에 맞춰 부르기도 했지만 때로는 악기 반주 없이 목소리만으로 부르는 일종의 아카펠라이기도 했습니다.

악상기호들을 통해 알 수 있는 또 한 가지 사실이 있습니다. 시편이 저마다의 다양한 삶의 현장에서 불리기도 했지만, 공동체의 성전 예배에서도 불렸다는 점입니다. 성전 예배 때 성가대가 단독으로 또는 성가대와 회중이 서로 화답하며 노래를 불렀다고 전해집니다. 이처럼 시편은 하느님께 바치는 성전 제사에서 중요한 위치를 차지했습니다. 성전이 파괴된 후에도, 예배 때 율법서와 예언서들을 낭독했고 기도의 순간에는 시편을 사용했습니다. 이렇듯 시편은 노래가 된 기도, 기도가 된 노래로서 이스라엘과 하느님과의 관계가 끊어지지 않게 도와주었습니다.

다윗의 신앙고백이 담긴 시편 23편은 오랜 세월 많은 이에게 사랑받고 애송되는 시편 가운데 하나입니다. 시구 자체도 아름답지만, 시구에 멜로디가 덧입혀지면서 유명세가 증폭된 이유도 있을 것입니다. 과연 어느 시편이 이 시편보다 더 다양한 곡조에 맞추어 불렸을까요? 시편 23편은 그야말로 '노래가 된 기도'이고 '기도가 된 노래'입니다.

시편에는 하느님에 대한 많은 비유적 표현이 나옵니다. 반석, 피난처, 등불, 방패 등 시편 저자들은 저마다 체험한 하느님을 다양한 이미지로 표현했습니다. 목동이었던 다윗은 시편 23편에서 하느님을 '나의 목자'라고 부르면서, 목자가 지닌 고유한 특성들을 하느님의 성품에 적용시켜 하느님의 모습을 다각적으로 보여주고 있습니다.

다윗은 자신이 한때 목동이었기에, 목자와 양의 관계가 어떤지 너무나 잘 알고 있었습니다. 양들을 위험으로부터 보호하고, 풀밭으로 인도하여 풀을 뜯게 하고, 마실 물을 찾아주는 등 양들을 극진히 보살피는 일이 목자의 임무였던 만큼, 시편 23편에는 유목 문화와 관련된 표현들이 가득 담겨있습니다.

목자와 양의 관계는 무한한 신뢰에 기반을 두고 있습니다. 양은 생명의 위협에서 자신을 보호할 수 있는 방어 능력이 없습니다. 뿔이나 날카로운 이빨은 물론 보호색도 없습니다. 게다가 재빠른 발도 가지고 있지 않은 탓에 천적으로부터 쉬 달아나지도 못합니다. 그뿐만 아니라 물살이 빠른 강가에서는 물을 마시지 못하는 지독한 겁쟁이입니다. 목자가 돌을 사용하여 거친 물살을 막고 물의 흐름을 고요하고 잔잔하게 만들어 주어야 비로소 물을 마실 수 있습니다. 양은 이처럼 전적으로 목자에게 의존해야만 생존이 가능한 존재입니다.

따라서 '주님은 나의 목자'라는 다윗의 이 짧은 고백에는 자신이 목동으로서 양들을 돌보던 경험과, 생존이 목자에게 달린 양과 같은 자신을 보살펴 주신 하느님에 대한 체험이 담겨있습니다. 그런 목자이신 주님께 다윗은 어떤 '아쉬움도 없다'라며 무한한 신뢰를 표현합니다.

나아가 어둠의 골짜기를 지난다 해도, 재앙이 닥친다 해도 두렵지 않다고 고백합니다. 다윗은 '두렵지 않음'의 이유를 다음과 같이 한마디로 요약합니다. "당신께서 저와 함께 계시기 때문입니다."(4절) 그는 주님의 동행을 언급하며 '주님께서 함께 계신다'라고 하지 않고 '당신께서 함께 계신다'라고 합니다. '당신'이라는 표현은 나와 가까이 대면하고 있는 사람처럼 느끼게 합니다. 하느님은 멀리 계신 분이 아니라 가까이, 바로 내 앞에, 내 곁에 함께 계시는 분임을 강조하는 듯합니다.

이어 장면 전환이 이루어집니다. 양들을 바른길과 푸른 풀밭과 물가로 인도하셨던 목자인 주님께서 이제는 잔치를 주관하시는 분이 됩니다. 그리고 다윗은 더 이상 양 떼에 속한 한 마리 양이 아니라 잔칫상에 초대받은 손님이 되었습니다. 주인이신 주님께서 원수들이 보라는 듯 다윗에게 잔치를 차려주십니다. 이루 말할 수 없을 만큼 풍성한 잔치입니다. 머리에는 향유를 부어주시고, 포도주를 잔에 넘치도록 따라주십니다. 다윗은 다시 한번 하느님을 향한 신뢰를 드러냅니다. 영원히 주님의 성전에서 살겠다고, 하느님 품 안에 영원히 머물기를 원한다고 고백합니다.

시편 23편을 읽을 때는 늘 떠오르는 분이 있습니다. 독일에서 만났던 '코르델리아'라는 수녀님입니다. 임종이 가까웠던 그분의 의식이 점점 희미해져 가고 있을 무렵, 그 곁을 지키고 있던 제가 우연히 벽에 걸린 달력 그림을 보게 되었습니다. 푸른 풀밭에서 양들이 풀을 뜯고 있는 평화로운 풍경이었고, 그림 위에는 '주님은 나의 목자'라는 구절이 적혀있었습니다. 그 글귀를 보며 저도 모르게 조그만 소리로 "주님은 나의 목자"라고 중얼거렸는데, 그 순간 수녀님이 제 말을 받아서 나지막이 암송하셨습니다. "아쉬울 것 없어라. 푸른 풀밭에 나를 쉬게 하시고…" 그러고는 숨을 거두셨습니다. 시편 23편이 수녀님의 마지막 기도였고, 마지막 말씀이었으며, 마지막 고백이었던 것입니다.

우리 생애 마지막 기도와 고백도 시편이었으면 좋겠습니다. 기도를 늘 입에 담아두기 위한 가장 좋은 방법 가운데 하나는 바로 노래가 아닐까 싶습니다. 오늘, 시편 23편을 온 마음 다해 노래해 보고 싶지 않으신가요?

제가 비록 어둠의 골짜기를 간다 하여도

당신의 막대와 지팡이가

저에게 위안을 줍니다

시편 35편

1 [다윗]
주님, 저와 다투는 자와 다투시고
저와 싸우는 자와 싸워주소서.

2 둥근 방패 긴 방패 잡으시고
저를 도우러 일어나소서.

3 저를 뒤쫓는 자들에게 맞서시어
창을 빼 들고 길을 막으소서.
"나는 너의 구원이다."
제 영혼에게 말씀하소서.

4 내 목숨을 노리는 자들은
수치를 당하여 부끄러워하리라.
내 불행을 꾸미는 자들은
뒤로 물러나 창피를 느끼리라.

5 그들은 바람 앞의 겨처럼 되고
주님의 천사가 그들을 몰아내리라.

6 그들의 길은 어둡고 미끄러우며
주님의 천사가 그들을 뒤쫓으리라.

7 그들이 까닭 없이 내게 몰래 그물을 치고
까닭 없이 내게 구렁을 파놓은 탓이라네.

8 파멸이 불시에 그들을 덮치고
그들은 자기들이 몰래 쳐놓은 그물에 걸려
파멸에 떨어지리라.

9 그러나 내 영혼은 주님 안에서 기뻐 뛰고
그분의 도우심으로 즐거워하며

10 내 모든 지체는 아뢰리라.
“주님, 누가 당신과 같습니까?
당신께서는 가련한 이를 그보다 힘센 자에게서,
가련한 이와 불쌍한 이를 약탈자에게서 구해주십니다.”

11 사악한 증인들이 일어나
제가 모르는 일을 저에게 묻습니다.

12 그들이 제게 선을 악으로 갚으니
저는 외로운 홀몸입니다.

13 그러나 저는 그들이 아팠을 때
자루옷을 제 의복으로 삼고
단식으로 고행하였으며
기도로 제 가슴을 채웠습니다.

14 저는 그들이 저의 친구인 양, 형제인 양
제가 어머니 상을 당한 양
애처롭게 몸을 구부린 채 돌아다녔습니다.

15 그러나 제가 비틀거릴 때
그들은 기뻐하며 모여들었습니다.
저를 거슬러 모여들었습니다.
저는 영문도 모르는데
저를 치고 잡아 찢기를 멈추지 않았습니다.

16 야비하게 비아냥거리며
저를 거슬러 이를 갈았습니다.

17 주님, 언제까지 보고만 계시렵니까?
제 영혼을 그들이 꾸민 파멸에서,
제 목숨을 사자들에게서 건져주소서.

18 저는 큰 모임에서 당신을 찬송하며
수많은 백성 가운데에서 당신을 찬양하오리다.

19 음흉한 제 원수들이 저를 두고 기뻐하지 못하게 하소서.
까닭 없이 저를 미워하는 자들이
서로 눈짓하지 못하게 하소서.

20 그들은 평화를 말하지 않을뿐더러
이 땅의 온순한 이들을 거슬러 간계를 꾸밉니다.

21 저를 거슬러 한껏 입을 벌려
"옳거니, 우리 눈으로 보았지!" 합니다.

22 당신께서 보셨습니다. 주님, 잠자코 계시지 마소서.
주님, 제게서 멀리 계시지 마소서.

23 저의 권리를 위하여 깨어 일어나소서.
저의 하느님, 저의 주님, 제 송사를 위하여 일어나소서.

24 당신의 의로움에 따라 제 권리를 되찾아 주소서,
주 저의 하느님.
그들이 저를 두고 기뻐하지 못하게 하소서.

25 "옳거니, 우리 소원대로 되었구나!"
그들이 마음속으로 말하지 못하게 하소서.
"우리가 그를 집어삼켜 버렸다!"
그들이 말하지 못하게 하소서.

26 저의 불행을 기뻐하는 자들은 모두 다
부끄러워 얼굴을 붉히게 하소서.
저를 두고 우쭐대는 자들은
수치와 모욕으로 옷 입게 하소서.

27 제 의로움을 좋아하는 이들은 환호하고 즐거워하며
언제나 말하게 하소서.
"당신 종의 평화를 좋아하시는
주님께서는 위대하시다!"

28 저의 혀도 당신의 의로움을,
당신 찬양을 날마다 전하오리다.

서러움의 꽃이 피었습니다

남–여, 하늘–땅, 동양–서양, 음–양, 흑–백.

짝을 지어 나열해 본 이 단어들은 모두 상반된 성질을 지니고 있습니다. 문학에서는 이처럼 서로 반대되는 어구나 사상을 열거하여 주제를 강조하는 기법을 대조법이라고 하는데, 글쓴이의 사상과 감정을 효과적으로 드러낼 수 있는 방법이지요. 음악에도 대조법이 있습니다. 대표적인 예로, 장조냐 단조냐에 따라 곡의 느낌과 분위기가 달라집니다. 일반적으로 장조는 밝고 가볍고 명랑하고 즐거운 느낌을 주는 반면, 단조는 어둡고 우울하고 무겁고 슬픈 분위기를 자아냅니다.

인생에도 장조와 단조가 존재합니다. 그런데 인생은 늘 장조이거나 늘 단조로만 연주되지는 않습니다. 다양한 삶의 자리를 담아낸 시편은 장조와 단조가 섞여있는 노래입니다. 출구가 없어 보이는 암울한 상황과 울음 섞인 애절한 소리가 포개진 탄식 시편은 단조에 가깝고, 감사와 신뢰를 고백하는 찬양 시편은 장조에 가깝습니다.

간혹 하느님 백성에 대적하는 원수에 대한 심판을 갈망하는 내용을 담은 이른바 '저주 시편'이 있는데, 거기에는 말 그대로 원수를 향한 저주의 말이 가득합니다. 여덟 개의 저주 시편(7편; 35편; 58편; 59편; 69편; 83편; 109편; 137편) 가운데 하나인 시편 35편은 다윗 시편이며 단조에 해당합니다. 원수에게 재앙이 내리길 바라는 내용이 대부분이며, 분노에 찬 절규와 격정을 토해내고 있기에 마치 다윗의 영혼 해부도를 펼친 듯한 느낌을 줍니다.

저주 시편은 원수에게 내릴 심판과 불행을 희망하기에 대체로 거칠고 격렬한 언어로 채워져 있습니다. 그러나 저주의 말이 명령보다는 예보의 특성을 띤다는 점에 주목해야 합니다. 단순히 시인의 복수심에 대한 표현이 아니라, 악인이 받게 될 심판을 미리 내다보는 경고의 표현이자 일종의 선언으로 이해해야 합니다.

저주 시편 속 증오의 문장들은 우리 마음을 자못 불편하게 만듭니다. 시인이 내뿜는 저주의 말에 멈칫하며 의구심까지 갖게 되는 이유는 아마도 예수님이 주신 '원수를 사랑하라'라는 계명 때문일 것입니다. 구약성경에도 다른 사람을 향한 적개심이나 복수를 금하는 규정(레위 19,17-18)이 엄연히 존재하고, 복수와 보복은 오직 하느님이 하시는 일(신명 32,35)이라고 적혀있기에, 저주 시편의 말들은 더더욱 낯설게 느껴질 수 있습니다.

그리스도교 윤리를 강조하는 입장에서 보면 아무래도 저주 시편에 대한 곱지 않은 시선이 있는 것은 사실입니다. 저주 시편의 야멸친 표현이 신앙인들에게는 손톱 밑에 박힌

가시처럼 느껴질 수 있습니다. 저주 시편이 안겨주는 부정적 인식을 조금이나마 중화시키기 위해서는 구약성경의 '정의'에 대한 개념을 들여다볼 필요가 있습니다. 구약성경에는 악과 악인들의 파멸과 관련된 표현들이 드문드문 등장하는데, 사실 히브리인들이 악과 악인들의 멸망을 바랐던 마음은 '이 세상과 역사의 주인은 하느님이시다'라는 믿음에서 비롯된 것이었습니다. 원수에 대한 보복이 오직 하느님께 달려있다고 여겼던 것도 같은 맥락이며, 악인들이 멸망할 때 비로소 하느님의 통치가 완성된다고 믿었기 때문입니다.

물론 저주 시편이 다른 이를 향한 개인적 보복을 정당화하는 듯한 글로 보일 여지가 전혀 없는 것은 아니지만, 그보다는 원수를 향한 복수심까지도 하느님께 맡겨드리는 이른바 높은 차원의 기도 또는 강도 높은 탄원 시편으로 여겨야 할 것입니다. 저주의 말들이 대부분 탄원 시편에서 발견된다는 사실은 저주 시편과 탄원 시편이 한 끗 차이라는 의미이기도 합니다.

저주 시편에는 원수, 악인, 죄인에 대한 날 선 표현들이 매우 사실적이고 구체적으로 나타납니다. 이러한 표현들은 히브리인들의 독특한 사고에서 비롯됩니다. 그들은 죄를 추상적인 개념으로 보지 않고 한 사람 안에 구체화된 것으로 받아들였기에, 죄와 죄인은 분리될 수 없는 존재였습니다. 그런 의미에서 저주 시편에 나타나는 증오에 가득 찬 표현들은 죄인에 대한 저주라기보다는 죄 자체에 대한 저주로 보는 것이 바람직합니다. 지독한 저주의 말들은 히브리인들이 선과 악의 문제를 깊이 탐구하고 진지하게 숙고했다는 간접 증거이기도 합니다.

시편 35편의 배경이 된 역사적 사건이 정확히 무엇이었는지는 알 수 없지만, 시인이 다윗이라는 점과 시편의 내용으로 미루어 보았을 때 사울의 핍박이나 압살롬의 반란과 관련이 있으리라고 짐작해 볼 수 있습니다. 그는 불어오는 인생의 역풍을 맨살로 맞고 있는 것처럼 보입니다. 다윗이 처한 상황이 절망적인 만큼, 하느님을 향한 울부짖음은 듣는 이의 폐부를 파고듭니다.

다윗은 호락호락하지 않은 상황에서도 하느님께 희망을 걸고 있습니다. '주님'을 외치며 하느님을 자기 삶의 자리로 끌어당깁니다. 그는 감당할 수 없는 감정으로 허우적대면서도 하느님께서 "나는 너의 구원이다"(3절)라는 말씀을 해주시길 희망합니다. 아울러 자신을 괴롭히는 이들에 대한 징벌을 호소하며 그들로부터의 구원을 애원합니다. 그가 쏟아내는 분노와 거친 말들은 거룩함을 덧칠하거나, 꾸미거나, 가장하지 않은 날것 그대로입니다. 그렇다고 해서 냉소적이거나 자포자기의 심정으로 하느님께 기도와 찬양을 올리는 것도 아닙니다. 원수에 대한 자신의 부정적인 감정까지 하느님께 모두 열어 보이고, 원수에 대한 미움을 있는 그대로 격정적으로 전달합니다. 그는 허물어지지 않기 위해 안간힘을 쓰며, 진실한 모습으로 자신의 구원자 앞에 서있습니다. 그가 하느님과 얼마나 가까운 사이였는지를 엿볼 수 있습니다.

다윗은 자신이 처한 상황의 긴박함을 반영하듯 '다투다'라는 단어를 사용하며 탄원하고, 군사적 이미지를 주는 '방패와 창'을 언급하며 악인들에 대한 하느님의 완승을 희망합니다. 다윗은 고독하고 불안한 자신의 내면을 예리하게 그려냅니다. 그는 지금 외로운 홀몸이며 영문도 모르는 채 매를 맞고, 이리저리 찢기고 있습니다.(12절, 15절) 또한 다윗은 자신의 적대자들이 저지른 행위도 고발합니다. 까닭 없이 몰래 그물을 치고, 구렁을 파놓으며, 선을 악으로 갚고, 중상모략을 일삼으며 상대방의 약점을 들춰내는 등 다른 시편에서는 한 번도 만나보지 못했던 표현들로 그들을 묘사하고 있습니다.

악인들의 야비한 행위가 하느님의 심판을 불러올 것이라는 고발에서 분노에 찬 다윗의 거친 숨소리를 듣습니다. 오죽했으면 원수를 고발하는 목소리에 이토록 분노와 울분이 묻어있을까, 하는 생각마저 듭니다. 시인이 사로잡혀 있는 배신감에는 그의 열렬한 고독도 함께 느껴집니다. 심지어 다윗은 그들이 빈정거리는 말을 직접 인용합니다.

> "옳거니, 우리 눈으로 보았지!"(21절)
> "옳거니, 우리 소원대로 되었구나!"(25절)

여기에서 '옳거니(헤아흐האח)'는 감탄사인데, 기쁨의 탄성이자 다른 이의 고통을 보고 음흉하게 즐거워하는 탄성이기도 합니다. 악인들이 비아냥대는 소리는 다윗의 고통을 더욱 증폭시킵니다. 다윗은 원수들이 자신에게 한 행위와 똑

같이, 자기도 원수들이 심판받는 것을 보고 기쁨의 탄성을 지르게 해달라는 청원을 하며 기도를 마칩니다. 그는 비극적 현실을 날카롭게 응시하며 현실을 극복하려는 적극적 의지를 드러내고 있습니다.

긴장과 절박함이 혼재된 상황에서조차 다윗의 신앙은 돋보입니다. 아직 아무런 좋은 일도 일어나지 않았지만, 그는 이미 구원의 희망을 내다보고 있습니다. 승리의 확신으로 가득 찬 그는 원수의 운명을 선포합니다. 그의 선언은 '하소서'라는 기도 형태로 이루어집니다.

> 기뻐하지 못하게 하소서, 서로 눈짓하지 못하게 하소서,
> 말하지 못하게 하소서, 얼굴을 붉히게 하소서,
> 수치와 모욕을 옷 입게 하소서.

이는 다윗이 자기 원수들에 대한 복수를 하느님께 내어 맡기는 모습입니다. 그는 단순히 자기가 당한 일 때문에 분노하는 것만은 아닙니다. 악인들의 행위는 하느님도 미워하시는 일입니다.

하느님은 의인의 기도에 귀를 기울여 반드시 응답하시리라는 확신을 고백함과 동시에 시의 분위기가 바뀝니다. 음악에 빗대면 단조에서 장조로 조바꿈이 일어나 분위기의 반전이 일어나는 것과 같습니다. 다윗은 자신이 처한 암담한 현실이 조금도 달라지지 않았음에도 구원을 예견하며 미리 기뻐하고 찬양합니다. 깊이를 알 수 없는 어두운 심연 속에서 부르짖는 분노의 기도는 절망의 음성이라기보다 희망의 몸부림에 가깝습니다. 다윗은 이렇듯 우리에게, 삶의 무게를 감당하면서도 희망으로 나아가는 법을 가르쳐 줍니다.

다윗의 삶에 서러움의 꽃이 가득 피었습니다. 하지만 거기엔 희망의 꽃도 공존합니다. 우리가 살아가는 동안 '삶'이라는 정원에는 지독한 서러움의 꽃이 몇 번이고 피어납니다. 외로움의 꽃과 억울함의 꽃, 선홍빛 아픔의 꽃도 군데군데 피어납니다. 그때마다 우리가 희망이라는 이름의 씨앗을 뿌릴 수 있다면, 우리 삶은 머지않아 제법 아름다운 꽃밭으로 변신하지 않을까요?

당신께서 보셨습니다

주님, 잠자코 계시지 마소서

주님, 제게서 멀리 계시지 마소서

시편 49편

1 [지휘자에게. 코라의 자손들. 시편]

2 모든 백성들아, 이것을 들어라.
세상에 사는 모든 이들아, 귀여겨들어라.

3 천한 사람도 귀한 사람도
부유한 자도 가난한 자도 다 함께 들어라.

4 내 입이 지혜를 말하리니
내 마음의 생각은 슬기롭다.

5 나는 잠언에 귀 기울이고
비파 타며 수수께끼를 풀리라.

6 나를 뒤쫓는 자들의 악행이 나를 에워쌀 때
그 불행의 날에 내가 왜 두려워하랴?

7 자기 재산을 믿으며
재물이 많음을 자랑하는 그들.

8 사람이 사람을 결코 구원할 수 없으며
하느님께 제 몸값을 치를 수도 없다.

9 그 영혼의 값이 너무나 비싸
언제나 모자란다,

10 그가 영원히 살기에는
구렁을 아니 보기에는.

11 정녕 그는 본다, 지혜로운 이들의 죽음을,
어리석은 자도 미욱한 자도 함께 사라짐을,
그들의 재산을 남들에게 남겨 둔 채로!

12 그들이 속으로는 자기 집이 영원하고
자기 거처가 대대로 이어지리라 생각하며
땅을 제 이름 따라 부르지만

13 사람은 영화 속에 오래가지 못하여
도살되는 짐승과 같다.

14 이것이 자신을 믿는 어리석은 자들과
그들을 따르며 그 말을 좋아하는 자들의 운명이다. 셀라

15 그들은 양들처럼 저승에 버려져
죽음이 그들의 목자 되리라.
아침에는 올곧은 이들이 그들 위에 군림하고
그들은 저마다 자기 처소에서 멀리 떨어진 채
그 모습이 썩어 저승으로 사라지리라.

16 그러나 하느님께서는 내 영혼을 구원하시고
저승의 손에서 나를 기어이 빼내시리라. 셀라

17 누가 부자가 된다 하여도,
제집의 영광을 드높인다 하여도 불안해하지 마라.

18 죽을 때 그 모든 것을 가지고 갈 수 없으며
그의 영광도 그를 따라 내려가지 못한다.

19 그가 비록 생전에 스스로에게
"네가 잘한다고 사람들이 널 칭찬한다" 말할지라도

20 그들은 자기 조상들이 모인 데로 가서
영원히 빛을 보지 못하리라.

21 영화 속에 있으면서도 지각없는 사람은
도살되는 짐승과 같다.

'인생 9단'이 들려주는 비밀

바둑이나 태권도, 유도나 합기도의 경력 또는 실력을 이야기할 때 급, 품, 단을 언급하는데, 품계 가운데 하나인 '단'은 숫자가 높을수록 고단자를 의미합니다. 그 중 최고는 9단입니다. 왜 바둑이나 무술의 최고 경지가 10단이 아니라 9단인 걸까요? 예로부터 동양에서 9는 자연수 중 가장 큰 숫자로, 인간이 다다를 수 있는 최고 경지의 상징이었기 때문입니다. 10을 신의 영역에 해당하는 완전수라고 여겼기에 10에 1이 못 미치는 9를 인간 세계에서 도달할 수 있는 가장 높은 경지로 보았던 것입니다.

높고, 길고, 깊고, 크다는 상징으로 사용되는 숫자 9는 일상 언어에서도 자주 발견됩니다. 옛날에는 고래 등같이 큰 기와집을 아흔아홉 칸 집이라 불렀습니다. 그뿐만이 아니라 구절판, 구척장신, 구중궁궐, 심지어는 구룡폭포와 구룡포 같은 지명까지도 모두 9와 관련 있습니다. 심지어는 스포츠에서도 9를 심심치 않게 발견할 수 있습니다. 예를 들어 야구와 축구, 골프의 규칙은 시대의 변화와 더불어 초창기와는 다소 달라졌지만, 흥미로운 점은 세 종목 모두 여전히 9와 관련 있다는 것입니다. 야구는 한 팀에 9명의 선수가 9이닝 동안 경기를 치르고, 축구는 전후반 합하여 90분을 뛰는 경기이며, 골프는 9홀을 두 번 도는 형태로 진행됩니다.

'9단'은 어느덧 바둑이나 무술만이 아니라 각계 최고를 지칭하는 표현이 되었습니다. 주부 9단, 살림 9단, 정치 9단, 야구 9단…. 이처럼 우리 인생을 '단'으로 표현한다면 과연 몇 단일까요? 아마 시편 49편의 저자는 '인생 9단'임에 틀림없습니다. 그가 조곤조곤 자신의 지혜를 풀어가며 인생이 무엇인지, 어떻게 살아야 하는지 일러주는 이야기를 듣고 있다 보면 저절로 고개가 끄덕여지기 때문입니다. 교훈적 내용을 많이 담고 있기 때문일까요? 시편 49편은 마치 잠언을 읽는 듯한 느낌도 듭니다. 그래서 이 시편은 지혜 시편으로 분류되기도 하지요.

시편 저자가 들려주는 지혜는 '궁극적 평등 장치'인 죽음에 관한 내용입니다. 죽음에는 몇 가지 특성이 있습니다. 첫 번째는 보편성입니다. 죽음은 모든 이에게 주어진 운명이기에 언젠가는 반드시 죽는 것을 뜻합니다. 두 번째 특성은 예측 불가능성입니다. 우리는 언제 죽을지 모른다는 것입니다. 세 번째는 다시 되돌릴 수 없다는 비가역성이며, 네 번째는 어디서, 어떻게 죽을지 모른다는 편재성입니다. 죽음의 힘을 깨우친 시편 저자는 강렬한 존재감을 내뿜으며 '인간의 한계성'이라는 보편적 진리를 깨닫지 못한 채 살아가고 있는 사람들을 향해 목소리를 높입니다.

저자는 '들어라'와 '귀를 기울이라'는 말을 끊임없이 반복합니다. 반복은 곧 강조입니다. 그의 말을 경청해야 할 대상은 모든 백성들, 세상에 사는 모든 이들, 천한 사람, 귀한 사람, 가난한 자, 부유한 자입니다. 이스라엘 백성만이 아니라 세상에 사는 모든 사람이 예외 없이 대상에 포함됩니다. 시인이 확신에 찬 어조로 그들에게 들려주는 교훈을 한마디로 요약하면 '인생무상'입니다. 그 이유는, 시편 저자의 말을 빌리자면, '죽음' 때문입니다.

시편 저자는 모든 이가 자신의 말을 경청하도록 초대한 후, 자신을 뒤쫓는 자들의 악행이 어떠하든 '두렵지 않다'라는 선언을 가장 먼저 합니다. 뒤이어 자신을 괴롭히는 이들의 정체를 폭로합니다. 그들은 바로 '자기 재산을 믿으며 재물이 많음을 자랑하는 이들'(7절)입니다.

저자는 부유함 자체가 나쁘다고 말하는 것이 아니라 재물에 의지하는 태도를 두고 경고합니다. 그는 그들의 어리석음을 꼬집기 위해 '사람이 사람을 구원할 수 없다', '제 몸값을 치를 수 없다', '지혜로운 이, 어리석은 이, 미욱한 이들 모두 죽는다', '재산을 남겨둔다', '도살되는 짐승과 같다', '죽음이 그들의 목자이다'(8-15절) 등의 다채로운 표현을 사용합니다.

인생 9단인 저자는 '재산에 의지하는 사람'(7절), '재산을 자랑하는 사람'(7절), '지혜로운 사람'(11절)'에 대한 자신의 의견을 피력합니다. 이들은 어찌 보면 소위 말하는 성공한 사람들입니다. 풍족한 재산으로 행복이 보장되고, 지혜로 자신들의 미래를 충분히 낙관할 수 있다고 자신하는 사람들입니다. 그러나 시편 저자는 이런 사람들에 대하여 무심한 듯 한마디 툭 던집니다. '그들 역시 다른 모든 사람들처럼 죽을 것이다.'

삶의 배경에 차이가 있을지는 모르지만 죽음은 모두에게 공평합니다. 저자는 부자도, 가난한 자도, 지혜로운 자도, 어리석은 자도 죽기 때문에 물적으로, 지적으로 더 많이 소유한 사람이라고 하여 더 나은 운명은 아니라는 점을 알려줍니다. 이는 삶의 소중한 경험이 배어든 교훈으로, 저자의 연륜에서 나오는 가르침입니다.

저자는 또한 '부富의 한계성'에 대한 깊은 통찰력을 보여줍니다. 죽음 앞에서는 다 소용없음을 분명히 밝히면서, 부를 자랑하는 이들의 오만을 가볍게 꺾어버립니다. 그들의 자랑거리인 '재산'이 허상임을 꼬집고 허영에 사로잡힌 그들을 비웃습니다. 부의 한계성과 인간의 유한성을 깨닫지 못하는 어리석은 그들은, 도살당할 짐승과 다름없기 때문입니다. 죽음은 모든 것을 '평형'으로 만드는 힘이 있다고 역설합니다.

이어서 저자는 '하느님을 의지하는 사람'의 삶에 대해서도 지혜롭고 섬세하게 풀어내는데, 그런 사람은 죽음이 재물과 영광을 무용지물로 만든다는 진리를 이미 깨달은 이라고 평가합니다. 어리석은 사람과 올곧은 사람은 서로 대비될 뿐만 아니라, 그들이 각각 의지하는 대상 역시 대조를 이룹니다. 어리석은 이는 재물에 의지하지만, 올곧은 이는 하느님을 의지합니다. 죽음으로부터의 구원이 '재물'에 있는 것이 아니라 '하느님'께 있음을 고백합니다.

모든 것을 '평형'으로 만드는 죽음에 대한 묵상 후 시편 독자는 뜻밖의 표현과 마주합니다. "하느님께서 저승의 손에서 나를 기어이 빼내시리라."(16절) 저자는 죽음이 끝이 아니라는 말로 신비의 휘장을 두릅니다. 죽음이 마지막이 아니라는 역설은 또 다른 가르침을 줍니다. 죽음에 대한 묵상이 궁극적으로 다른 세상, 곧 하느님 세상을 지향하기 위함이라는 것입니다. 시편 첫머리에서 '인생의 수수께끼를 풀겠다'(5절)라고 단언했던 저자의 예리한 사유의 흔적이 드러나는 구절입니다.

저자는 이 시의 마지막 구절에서 어리석은 사람의 운명에 대한 매서운 훈계를 다시 한번 반복합니다. "영화 속에 있으면서도 지각없는 사람은 도살되는 짐승과 같다." 인생 9단인 저자는 날카로운 통찰로, 삶의 유한함과 죽음의 공평함을 깨달으라는 깊은 지혜의 일침을 가합니다. 우리는 여기서 저자의 오랜 사색과 신앙의 깊이를 엿볼 수 있습니다.

저자는 비유를 동원한 충격 요법으로 우리의 잠든 감각을 일깨웁니다. 그가 이 시편에서 말하고 있는 것은 바로 우리를 향한 호소일 수도 있습니다. '나의 신뢰를 어디에 두고 있는가?'라는 저자의 질문은 나에게 던진 질문일 수 있기 때문입니다. 저승을 인생의 목적지로 삼을지, 하느님을 목적지로 둘지는 나의 선택에 달려있습니다. 시편 저자는 '죽음에 대한 묵상'이 삶을 대하는 태도에 절대적인 영향을 미친다는 진리를 역설하고 싶었던 것 같습니다.

시편 51편

1 [지휘자에게. 시편. 다윗.

2 그가 밧 세바와 정을 통한 뒤 예언자 나탄이 그에게 왔을 때]

3 하느님, 당신 자애에 따라 저를 불쌍히 여기소서.
당신의 크신 자비에 따라 저의 죄악을 지워주소서.

4 저의 죄에서 저를 말끔히 씻으시고
저의 잘못에서 저를 깨끗이 하소서.

5 저의 죄악을 제가 알고 있으며
저의 잘못이 늘 제 앞에 있습니다.

6 당신께, 오로지 당신께 잘못을 저지르고
당신 눈에 악한 짓을 제가 하였기에
판결을 내리시더라도 당신께서는 의로우시고
심판을 내리시더라도 당신께서는 결백하시리이다.

7 정녕 저는 죄 중에 태어났고
허물 중에 제 어머니가 저를 배었습니다.

8 그러나 당신께서는 가슴속의 진실을 기뻐하시고
남모르게 지혜를 제게 가르치십니다.

9 우슬초로 제 죄를 없애주소서. 제가 깨끗해지리이다.
저를 씻어주소서. 눈보다 더 희어지리이다.

10 기쁨과 즐거움을 제가 맛보게 해주소서.
당신께서 부수셨던 뼈들이 기뻐 뛰리이다.

11 저의 허물에서 당신 얼굴을 가리시고
저의 모든 죄를 지워주소서.

12 하느님, 깨끗한 마음을 제게 만들어 주시고
굳건한 영을 제 안에 새롭게 하소서.

13 당신 면전에서 저를 내치지 마시고
당신의 거룩한 영을 제게서 거두지 마소서.

14 당신 구원의 기쁨을 제게 돌려주시고
순종의 영으로 저를 받쳐주소서.

15 제가 악인들에게 당신의 길을 가르쳐
죄인들이 당신께 돌아오리이다.

16 죽음의 형벌에서 저를 구하소서, 하느님, 제 구원의 하느님.
제 혀가 당신의 의로움에 환호하오리다.

17 주님, 제 입술을 열어주소서.
제 입이 당신의 찬양을 널리 전하오리다.

18 당신께서는 제사를 즐기지 않으시기에
제가 번제를 드려도 당신 마음에 들지 않으시리이다.

19 하느님께 맞갖은 제물은 부서진 영.
부서지고 꺾인 마음을
하느님, 당신께서는 업신여기지 않으십니다.

20 당신의 호의로 시온에 선을 베푸시어
예루살렘의 성을 쌓아주소서.

21 그때에 당신께서 의로운 희생 제물을,
번제와 전번제를 즐기시리이다.
그때에 사람들이 당신 제단 위에서 수소들을 봉헌하리이다.

늦었지만 늦지 않았다

야구의 구종은 다양하지만 크게 '직구'와 '변화구'로 나눌 수 있습니다. 직구는 매우 빠르게 던지는 구종이고, 변화구는 공의 회전 때문에 날아가는 도중에 공의 진행 방향이 휘어져 타자가 치기 어려운 구종입니다. 야구에서 파생된 '돌직구를 날리다'라는 말은 툭 던지는 말이 마치 돌처럼 단단하고 묵직하다는 의미입니다. 대화할 때 완곡하게 에둘러 표현하는 사람도 있고, 직설적으로 표현하는 사람도 있습니다. 다시 말해 '돌직구' 의사 표현을 선호하는 이가 있는가 하면, '변화구' 표현을 더 편안하게 여기는 이도 있습니다.

성경에서 돌직구를 가장 많이 던지는 인물은 '예언자'들일 것입니다. 누군가의 죄를 질책하거나 고발할 때가 많기 때문입니다. 다윗이 밧 세바와 저지른 죄를 들춰내려 찾아온 나탄 역시 그렇습니다. 나탄 예언자는 처음에 본론을 숨긴 채 그저 짧고 단순한 이야기 하나를 조곤조곤 들려주었습니다. 신중한 심리전이며 탐색전입니다. 그의 이야기는 과장된 대조로 극대화되어 그 이면에 숨겨진 의미가 더욱 선명해지는 효과를 발휘합니다. 나탄의 이야기를 요약하면 이렇습니다. 어느 성읍에 부자와 가난한 사람이 살고 있었습니다. 부자에게는 많은 가축이 있었지만, 가난한 사람에게는 단 한 마리의 양밖에 없었습니다. 어느 날 부자에게 손님이 찾아왔는데, 그는 그 손님 접대를 위해 자기 소유의 양을 잡는 대신 가난한 이웃집 사람의 하나뿐인 소중한 양을 잡았다는 것입니다. 이 말을 듣자마자 다윗은 분개하며 그 자는 죽어 마땅하다고 말합니다. 이때 나탄이 묵직한 돌직구를 날립니다. "임금님이 바로 그 사람입니다."(2사무 12,7)

충직한 부하의 아내를 범하고 그 부하를 가장 위험한 전장으로 내몰아 죽게 한 다윗이 바로 그 부자와 같은 짓을 하였음을 빗대는 고발인 것입니다. 나탄의 날카로운 질책에 다윗은 즉각 단말마의 비명처럼 내지릅니다. “내가 주님께 죄를 지었소.”(2사무 12,13) 이렇게 자신의 죄를 인식한 다윗이 드린 기도가 바로 시편 51편입니다.

시편 51편의 머리말은 ‘그가 밧 세바와 정을 통한 뒤 예언자 나탄이 그에게 왔을 때’라고 쓰여 이 시편의 정확한 탄생 배경을 알려줍니다. 시편 51편은 관련된 역사적 사건이 명확하게 기록된 몇 안 되는 시편 가운데 하나입니다. 다윗의 인생에서 빼놓지 않고 거론되는 두 이름이 있는데, 하나는 골리앗이고 다른 하나는 밧 세바입니다. 둘 다 다윗의 삶에 큰 도전이 되었던 인물입니다. 요샛말로 ‘막장 드라마’ 같은 밧 세바와의 사건은 다윗이 살아온 신앙의 삶에 남겨진 얼룩과도 같았지만, 다윗의 삶이 죄와 은총으로 얽혀진 삶이었음을 보여주는 단적인 예이기도 합니다.

이 시편은 6세기에 카시오도루스Cassiodorus가 교회의 일곱 참회 시편(6편, 32편, 38편, 51편, 102편, 130편, 143편)으로 명명한 시편들 가운데 하나입니다. 이 시편의 라틴어 본문 첫 구절을 따서 '미세레레(miserere)' 시편으로 부르기도 하는데 그 뜻은 '주님, 자비를 베푸소서'입니다. 죄의 본질에 대한 깊은 통찰과 성찰을 보여주는 이 시편은 시편 23편 '주님은 나의 목자'와 더불어 그리스도인들이 가장 많이 읊고 고백하는 시편이기도 합니다.

시편 51편의 머리말을 보면 시편집 전체 차원에서 이 시편이 하나의 전환점이 되고 있음을 알 수 있습니다. 시편 50편의 저자는 '아삽'인데 시편 51편부터는 다윗이 저자로 나타나기 때문입니다. 아삽의 시편은 모두 열두 편으로 시편 50편 그리고 시편 73–83편입니다. 이 열두 시편들은 다윗 시편 곧 시편 51–72편을 둘러싸고 있습니다. 아삽의 시편에서 다윗 시편으로의 변화는 머리말 외에도 시편 51편의 2절에 나타나는 역사적 배경에서도 강조됩니다.

이 시편은 다윗의 고백록이라고 할 수 있을 만큼 그가 간음, 은폐, 살인이라는 자신의 죄를 깊고 처절하게 참회하는 내용입니다. 다윗은 죄책감의 압도적인 무게에 짓눌린 채 자신의 죄를 고백하는데, 세 가지 동의어로 '죄'를 표현하고 있습니다. 곧 구약성경에 나타나는 '죄'에 대한 세 가지 중요한 개념이 총동원됩니다. 그 첫 번째는 '페샤(פשע)'입니다. 이것은 반역이라는 의미에 가까운 단어로 하느님의 뜻을 거역한 죄를 가리킵니다. 두 번째 죄악은 '아온(עון)'으로 남에게 해악을 끼치는 비틀어진 행동을 의미하며, 이웃에게 행한 폭력과 살인 등 온갖 악행을 뜻하기도 합니다. 세 번째로 죄를 표현한 단어는 '하타(חטא)'인데, 이 말은 옳은 길을 벗어나 잘못된 길로 들어선 행동을 의미하는 것으로 '방향 상실'을 뜻합니다.

세 가지 다른 표현으로 자신의 죄를 고백한 다윗은 용서를 청할 때도 세 개의 각기 다른 동사 '지워주소서', '씻어주소서', '깨끗이 하소서'를 사용합니다. 자신의 죄에 대한 성찰과 하느님의 완전한 용서를 바라는 다윗의 간청이 이 동사들을 통해 강렬히 드러나고 있습니다.(3-4절) 아울러 자신이 어머니 배 속에서부터 죄인이었음을 고백하며 자신이 죄를 지을 수밖에 없는 인간임을 인정하는 동시에 자신의 도덕적 무기력도 고백합니다. 그러나 이 시편은 자신의 죄에 대해 하느님께 용서를 청하는 것만으로 끝나지 않습니다. 그와 더

불어 이른바 '새 창조'를 간구하기 때문입니다. 이 시편의 구조를 살펴보면 그것이 더 분명하게 드러납니다.

A. 머리말(1-2절)

B. 시인의 고백 "저의 죄악을 지워주소서"(3-6절)

C. 죄의 용서를 위한 간청(7-11절)

D. 새 창조의 간청(12-14절)

C′ 죄에서 구원을 간청(15-17절)

B′ 시인의 고백 "하느님께 맞갖은 제물은 부서진 영"(18-19절)

A′ 공동체의 회복을 위한 기도(20-21절)

시편 51편의 중심 단락(D)에는 '깨끗한 마음을 만들어 달라'라는 청원이 담겨있습니다. 이 간청은 의미심장합니다. 창조란 본래 없던 것에서 무엇인가를 만들어 내는 행위이지, 부서지고 망가진 것을 단순히 복원하는 것이 아닙니다. 그러므로 이 간청은 자신에게는 본래 깨끗한 마음이 없었고, 깨끗한 마음은 하느님께서 주셔야만 가질 수 있다는 고백인 셈입니다. 이어 다윗은 한 가지를 더 간청합니다. 자신에게서 하느님의 거룩한 영을 거두지 말아달라는 것입니다. 사람에게서 하느님의 거룩한 영이 떠나면 어떤 일이 벌어지는지를 누구보다도 강하게 체험했기 때문입니다. 그는 사울에게서 하느님의 영이 떠나자, 사울이 악령에 사로잡혀 괴로워하고 고통스러워하던 모습을 목격한 사람입니다. 그런 사울을 위해 자신이 수금을 타며 위로한 적도 있었지요. 다윗은 인간의 죄로 말미암아 주님의 거룩한 영을 잃어버릴 수 있음을 알고 있기에, 하느님의 영이 자신을 떠나지 않도록 간절히 청합니다.

나아가 하느님께서 자신을 용서하신다면, 그는 악인들에게 하느님의 길을 가르치겠다고 합니다. 하느님의 길을 가르치기 위해서 하느님의 용서를 체험하게 해달라는 간청에서 깊이 정화된 그의 내면을 느낄 수 있습니다. 아울러 다윗은 통회와 보속을 동반한 회개의 정석을 보여주고 있습니다.

아우구스티누스 성인은 "지식의 시작은 자신이 죄인임을 아는 것"이라고 말했습니다. 죄를 짓지 않는 삶은 우리에게 불가능한 일입니다. 그러기에 참신앙인으로서 살기 위해서는 죄를 짓지 않으려는 노력도 필요하겠지만, 무엇보다도 자기의 죄를 알고 인정하고 그것을 솔직히 하느님께 고백하는 일이 더 중요하지 않을까 싶습니다. 하느님의 자비 앞에서는 우리 죄의 무게가 무의미해지기 때문입니다. '용서받은 행복한 죄인' 다윗은, 모든 것을 용서하시는 하느님을 신뢰하며 그분께 나아가는 데 주저함이 없도록 우리에게 좋은 모범을 보여주고 있습니다.

시편 55편

1 [지휘자에게. 현악기와 더불어. 마스킬. 다윗]

2 하느님, 제 기도에 귀 기울이소서.
저의 간청을 외면하지 마소서.

3 제게 주의를 기울이시어 응답해 주소서.
제가 절망 속에 헤매며 신음하니

4 원수의 고함 소리 때문이며
악인의 억압 때문입니다.
그들이 저에게 환난을 들씌우며
저를 모질게 공격합니다.

5 제 마음이 속에서 뒤틀리고
죽음의 공포가 제 위로 떨어집니다.

6 두려움과 떨림이 저를 덮치고
전율이 저를 휘감습니다.

7 제가 생각합니다. '아, 내가 비둘기처럼 날개를 지녔다면
날아가 쉬련마는.

8 정녕 멀리 달아나
광야에 머물련마는. 셀라

9 폭풍의 세찬 바람 피하여
은신처로 서둘러 가련마는.'

10 주님, 엉클어 버리소서.
그들의 말을 갈라버리소서.
성안의 폭력과 분쟁을
제가 봅니다.

11 그들은 낮이고 밤이고
성벽 위를 돌고 있습니다.
그 안에 환난과 재앙이,

12 그 안에 파멸이 있으며
억압과 사기가
그 광장을 떠나지 않습니다.

13 원수가 저를 모욕한 것이 아닙니다.
그랬다면 제가 참았을 것입니다.
저를 미워하는 자가 제 위에서 거드름을 피운 것이 아닙니다.
그랬다면 제가 그를 피해 숨었을 것입니다.

14 그러나 그것은 너, 내 동배
내 벗이며 내 동무인 너.

15 정답게 어울리던 우리
하느님의 집에서
떠들썩한 군중 속을 함께 거닐던 우리.

16 파멸이 그들 위로 내려라!
그들은 산 채로 저승으로 내려가리니
그들 곳간에, 그들 속에 악만 있기 때문이다.

17 그러나 내가 하느님께 부르짖으면
주님께서 나를 구하여 주시리라.

18 저녁에도 아침에도 한낮에도
나는 탄식하며 신음하네.
그러면 그분께서 내 목소리 들으시고

19 나를 거슬러 일어난 싸움에서
나를 평화로 이끌어 구하시리니
많은 사람들이 나를 대적하여 늘어섰기 때문이네.

20 먼 옛날부터 좌정하여 계신 분
하느님께서 들으시어 그들에게 응답하시리라. 셀라
그들은 회개하지 않고
하느님을 경외하지 않네.

21 그는 친구들에게 손을 대어
자기의 계약을 파기하네.

22 그의 입은 버터보다 부드러우나
마음에는 싸움만이 도사리고
그의 말은 기름보다 매끄러우나
실은 빼어 든 칼이라네.

23 네 근심을 주님께 맡겨라.
그분께서 너를 붙들어 주시리라.
의인이 흔들림을
결코 내버려두지 않으시리라.

24 하느님, 당신께서는 저들을
깊은 구렁 속으로 빠져들게 하시리이다.
피에 주린 자와 사기 치는 자들
그들은 일생의 반도 채우지 못하지만
저는 당신을 신뢰합니다.

믿는 도끼에 찍힌 발등

위대한 시인 알렉산드르 푸쉬킨은 러시아 문학의 아버지로 추앙받습니다. 그가 쓴 '삶이 그대를 속일지라도'는 시대를 불문하고 사랑받는 시 가운데 하나인데, 그 이유를 어렴풋이 알 것도 같습니다. 힘든 시대를 살아가는 사람들이 그 시가 전하는 희망의 메시지에 위로와 격려를 받기 때문입니다. 하지만 정작 그는 아내에게 배신당하고 그 여파로 젊은 나이에 생을 마감한 비극적 삶의 주인공이었습니다. 그의 시에는 어두웠던 자신의 삶을 자조하는 듯한 분위기가 그림자처럼 스며있고 애잔함이 묻어납니다.

시편 55편에서 다윗은 자신의 다친 마음을 기도로 어루만지고 있습니다. 마음의 상처는 다양한 원인으로 생길 수 있습니다. 거부 또는 버림받음, 부당함이나 억울함으로 인해 생기기도 하지만, 무엇보다도 믿었던 사람에게 당하는 배신이 마음을 가장 많이 다치게 한다는 생각이 듭니다.

배신감의 사전적 의미는 '믿음이나 의리의 저버림을 당한 느낌'입니다. 누군가에게 배신감을 느꼈다는 건 상대에 대한 믿음이 전제되었음을 암시합니다. 믿는 도끼에 발등 찍힌 셈이지요. 사실 가까운 사람에게 당한 배신은 발등만이 아니라 마음마저 찍어버립니다. 그래서일까요? 다윗은 매우 강렬한 어조로 배신의 고통을 드러내고 있습니다. 배신으로 말미암아 그는 마음의 상처만 받은 것이 아니라 죽을 위험에까지 처했기 때문입니다. 다윗은 짙게 드리워진 죽음의 공포와 두려움에서 빨리 벗어나기 위해 비둘기처럼 '날개'라도 있었으면 좋겠다고 합니다.(7절)

다윗이 푸념하듯 올리는 기도에서 공포의 실체가 드러납니다. 그를 핍박하는 자들은 서로 공모하며 음모를 꾸미는 자들입니다. 그가 주님께 "주님, 엉클어 버리소서. 그들의 말을 갈라버리소서"(10절)라고 기도합니다.

다윗이 그들의 불의한 공모에 대하여 맹비난을 퍼부으며 쏟아내는 독설인 '그들의 말을 갈라버리소서'라는 문장은 사실 원문의 의미를 충분히 살리지 못하고 완곡하게 번역되었습니다. 이 구절을 직역하면 '그들의 혀를 잘라버리소서'입니다. 이 표현은 비록 저주의 말이지만 다윗의 격렬한 심리적 파장을 잘 담아내고 있습니다. 다윗의 탄식은 다음의 말로 계속됩니다.

> 성안의 폭력과 분쟁을 제가 봅니다.
> 그들은 낮이고 밤이고 성벽 위를 돌고 있습니다.
> 그 안에 환난과 재앙이,
> 그 안에 파멸이 있으며
> 억압과 사기가 그 광장을 떠나지 않습니다.(10ㄷ-12절)

다윗은 폭력, 분쟁, 환난, 재앙, 파멸, 억압, 사기라는, 일곱 개나 되는 단어로 적대자들의 불의를 고발합니다. 이러한 폭압이 벌어지는 곳이 놀랍게도 성안, 성벽 위, 재판이나 사회적 모임이 이루어지는 광장입니다. 의인화된 그들의 악행은 성벽 위를 돌아다니는 것으로 표현되어 마치 성을 포위한 듯한 인상을 줍니다. 시인이 처한 위기는 전세가 기운 듯한 묘사를 통해 더욱 고조됩니다.

이제 비판의 칼끝이 겨누는 대상이 고스란히 드러납니다. 다윗은 지금 군사적 적대 관계에 있는 원수들에게 둘러싸인 것이 아닙니다. 나와 전혀 상관없는 사람이 나의 적이 되는 경우는 많지 않습니다. 다윗은 악행을 일삼는 자들 가운데 하나가 한때 그와 우정을 나누며 하느님의 집을 거닐던 친구였음을 냉정하게 고발합니다. '하느님의 집'에서 신앙을 바탕으로 맺어졌던 그들의 영적 우정을 밝히는 이 대목에서, 그가 겪는 고통의 본질이 더욱 분명해집니다. 다윗에게 큰 상처를 남긴 이가 그의 가장 가까운 친구였고 믿었던 사람이었다는 사실이 그의 내적 위기를 더욱 심화시킵니다.

다윗은 '내 동배', '내 벗', '내 동무'라며 세 번에 걸쳐 그와의 지난 우정을 강조합니다. 어제의 동지가 오늘의 적이 되어버린 격입니다. 다윗은 차라리 그가 오랜 원수였거나 반목하던 자였다면 지금의 고통이 한결 수월했을 거라 고백합니다.(13절) 이 말에서 그가 느끼는 참담한 심정이 숨김없이 전해집니다.

믿었던 친구의 배신으로 아찔한 생사의 고비를 넘나들며 심적 괴로움에 휘청이는 다윗은 정제되지 않은 감정을 분출합니다. '마음속에 악만 가득한 그들이 파멸하고 산 채로 저승에 내려가라' 하며 가슴속 분노를 거침없이 드러냅니다. 하지만 다윗은 개인적 복수 차원을 넘어 하느님의 개입을 요청합니다. 그는 하느님께 '그들을 깊은 구렁 속으로 빠져들게 해달라'며 눈물로 호소합니다. 다윗은 그들에 대한 보복을 다짐하며 재기를 꿈꾸는 것이 아니라 온전히 하느님께 그들의 처분을 맡깁니다.

자기의 원수들이 '산 채로 저승에 내려가고, 깊은 구렁에 빠지게 하시리라'는 다윗의 독기 서린 저주는, 모세에게 반역하였던 코라와 다탄과 아비람이 하느님의 진노를 받아 갈라진 땅속에 삼켜져 산 채로 저승에 내려가는 벌을 받았던 사건(민수 16장)을 상기시킵니다. 이처럼 다윗은 그들에 대한 하느님의 심판을 바라고 있음을 강조하고 있습니다.

시편 55편의 역사적 배경을 압살롬의 반란으로 가정할 경우, 다윗의 발등을 찍은 사람은 아히토펠로 추정됩니다. 아히토펠은 '밧 세바'의 할아버지입니다. 그는 다윗의 뛰어난 책략가이며 정치적 자문위원이기도 했습니다. 하지만 그는 압살롬의 반란 때 다윗의 시대가 끝이 났다고 판단하여 다윗을 배반하고 압살롬의 반란을 지지하였습니다. 심지어 다윗이 가장 아끼던 지략가였던 그는 '군대를 보내어 다윗을 끝까지 추격하여 죽이라'라는 제안까지 하였습니다. 그러나 그는 압살롬이 자신의 제안을 거절하자 분을 못 이겨 목을 매 자살하고 맙니다. '어리석은 형제'라는 의미의 이름을 지닌 아히토펠은 자기 이름처럼 어리석게도 다윗보다 더 비참한 처지가 되어버린 셈입니다.

다윗은 친구였던 배신자의 모습을 응축된 문장으로 생생하게 표현합니다. 그는 서로 다르면서도 밀접하게 연관된 단어들을 사용하여 결국 같은 이야기를 반복하는 방식으로 악인의 모습을 강조합니다. 이처럼 앞 구절을 구체화하거나 확장하여 그 의미를 더욱 분명하게 하는 문학적 기교를 '동의적 평행법'이라고 합니다.

입은 버터보다 부드러우나
마음에는 싸움만이 도사린다
말은 기름보다 매끄러우나
실은 빼어 든 칼이다

다윗이 묘사하는 배신자는, 겉과 속이 다르며 의도를 숨기고 있는 사람입니다. 그는 마음에 칼을 숨기고, 버터보다 부드럽고 기름보다 매끄러운 말로 다른 이를 속입니다. 이익에 따라 움직이는 그는 두 마음을 가진 사람입니다. 다윗은 하느님께 다소 거친 표현으로 자기의 격렬한 감정을 터뜨리며, 자신이 처한 상황이 얼마나 절망적인지 호소하기 위해 고투하고 있습니다.

한바탕 격정을 토해낸 후 마음을 다스릴 시간을 확보한 다윗은 자신을 짓누르는 근심을 주님께 내어 맡깁니다. 그리고 확신합니다. 자신이 이 모든 역경에서 빠져나올 수 있는 유일한 길은 전략적 전술이나 우연을 통해서가 아니라 오직 하느님을 통해서만 가능하다는 사실을 말입니다. 이렇게 다윗은 하느님을 온전히 신뢰하며 새로운 출구를 만듭니다.

그는 자신의 아픈 마음도, 다시 일어날 마음도 주님 앞에서 다독입니다. 강렬한 희망을 품은 채 하느님 앞에 우직하게 서있는 그의 모습이 뇌리에 깊게 새겨집니다.

다윗은 하느님 앞에서 자신의 아픈 내면을 보듬고 있습니다. 세상이 우리를 속이고, 믿었던 도끼에 발등 찍힌 경험 앞에서 우리의 모습은 어떤가요? 그런 경험이 우리에게 상처를 남겼다면, 다윗과 함께 시편 55편을 기도로 바치며 숨겨둔 아픔과 그늘진 마음을 어루만지고 다독이는 것은 어떨까요? 깊이 팬 상처에 분명 좋은 치료제가 될 것입니다.

시편 73편

1 [시편. 아삽]
정녕 하느님은 좋으신 분이시다, 올바른 이에게!
하느님은 좋으신 분이시다, 마음이 깨끗한 이들에게!

2 그러나 나는 하마터면 발이 미끄러지고
걸음을 헛디딜 번하였으니

3 내가 어리석은 자들을 시새우고
악인들의 평안함을 보았기 때문이네.

4 그들에게 아픔이라고는 없으며
그들의 몸은 건강하고 기름졌네.

5 인간의 괴로움이 그들에게는 없으며
다른 사람들처럼 고통을 당하지도 않네.

6 그래서 교만이 그들의 목걸이며
폭행이 옷처럼 그들을 덮었네.

7 그들의 눈은 비계로 불거져 나오고
그들의 마음에서는 온갖 환상이 흘러나오네.

8 그들은 비웃으며 심술궂게 이야기하고
거만하게 을러대며 이야기하네.

9 하늘을 향해 자기네 입을 열어젖히고
그들의 혀는 땅을 휩쓸고 다니네.

10 그래서 내 백성이 그들에게 몸을 돌려
저들의 말을 물 마시듯 들이켜네.

11 그들은 말하네. "하느님이 어찌 알 리 있으며
지극히 높으신 분이라고 어찌 알아채리오?"

12 보라, 바로 이들이 악인들!
언제까지나 걱정 없이 재산을 늘려가네.

13 정녕 나는 헛되이 마음을 깨끗이 보존하고
결백으로 내 두 손을 씻었단 말인가?

14 날마다 고통이나 당하고
아침마다 징벌이나 받으려고?

15 "나도 그렇게 말하리라" 생각하였지만
그것은 당신 아들들의 모임을 배신하는 것.

16 깊이 생각하여 이를 알아들으려 하였으나
그것은 제 눈에 괴로움뿐이었습니다.

17 그러나 마침내 하느님의 성전에 들어가
그들의 종말을 깨달았습니다.

18 정녕 당신께서는 그들을 미끄러운 길에 세우시고
그들을 멸망으로 떨어지게 하셨습니다.

19 그들이 얼마나 순식간에 멸망해 버리는지!
그들은 없어지고 공포로 사라져 갑니다.

20 잠에서 깨어났을 때의 덧없는 꿈처럼
주님께서는 일어나실 때
그들의 모습을 업신여기십니다.

21 그렇건만 제 마음이 쓰라리고
제 속이 북받쳤을 때

22 저는 멍텅구리, 알아듣지 못하였습니다.
저는 당신 앞에 한 마리 짐승이었습니다.

23 그러나 저는 늘 당신과 함께 있어
당신께서 제 오른손을 붙들어 주셨습니다.

24 당신의 뜻에 따라 저를 이끄시다가
훗날 저를 영광으로 받아들이시리이다.

25 저를 위하여 누가 하늘에 계십니까?
당신과 함께라면
이 세상에서 바랄 것이 없습니다.

26 제 몸과 제 마음이 스러질지라도
제 마음의 반석,
제 몫은 영원히 하느님이십니다.

27 이제 보소서, 당신에게서 멀어진 자들은 멸망합니다.
당신을 배신한 자를 당신께서는 없애버리십니다.

28 그러나 저는, 하느님께 가까이 있음이 저에게는 좋습니다.
저는 주 하느님을 제 피신처로 삼아
당신의 모든 업적을 알리렵니다.

쓰라려도 살맛 나는 신앙 이야기

우리는 인생의 다양한 역동에 관해 이야기할 때 맛에 빗대어 표현하곤 합니다. 좌절을 겪었을 때는 '인생의 쓴맛'을 봤다고 하고, 고약한 시집살이의 어려움을 '고추의 매운맛'에 비유하기도 합니다. 또 세상 사는 재미가 쏠쏠할 때는 '살맛 난다'라고 하지 않습니까? 한편 유달리 얼큰하고 매운 것을 좋아하는 한국인들은 '매운맛 좀 볼래?'라는 표현을 쓰기도 합니다. 이처럼 우리 삶을 맛에 비유하는 까닭은, 먹는 것이 삶과 가장 밀착되어 있기 때문이 아닐까 싶습니다.

시편 73편의 저자는 '아삽'이라는 인물인데, 그의 이름은 '모으는 자'라는 뜻입니다. 아삽은 다윗과 솔로몬 시대에 여두툰, 헤만과 더불어 유명한 3대 악장 가운데 한 사람이었습니다. 그는 레위인들의 지도자로서 성전 예배 때에 찬양대를 이끌기도 했습니다.(2역대 29,30) 시편집 전체에서 아삽의 작품은 모두 열두 편입니다.

모세오경이 다섯 권으로 이루어진 것처럼 150편의 시편도 다섯 권으로 나누어 묶을 수 있습니다. 시편 73편은 그 다섯 권으로 이루어진 시편 가운데 세 번째 권의 첫 시편으로서 세 번째 권 전체의 서론에 해당한다고 볼 수 있습니다.

이 시편은 우리 삶에서 느낄 수 있는 여러 가지 맛을 담고 있습니다. 특히 씁쓸한 맛, 떫은맛, 시큼한 맛으로 신앙인들을 뒤흔든 문제에 관해 관심을 내비치고 있습니다. '의인이 왜 벌을 받는가?', '왜 악인들이 호의호식하는가?', '하느님께서는 왜 의인의 고통에 관심을 기울이지 않으시는가?', '하느님은 어디 계시는가?' 등 욥의 투쟁을 떠올리게 하는 질문들을 던지는 이 시편은, 불의한 현실 속에서 악의 문제와 하느님의 정의를 묻고 있다는 점에서 시편 37편과 닮았습니다.

시편 73편의 중대한 두 축은 의인과 악인입니다. 의인은 고통받고 악인은 되레 축복받는 듯한 불의한 상황을 목격한 이에게 일어나는 마음의 갈등을 다루고 있습니다. 그가 알고 있는 하느님은 의인에게 복을 내리고 악인을 심판하는 공의로운 분이신데, 오히려 악인이 득세하고 의인이 고난을 겪는 현실 앞에서 느끼는 불편함과 혼란을 솔직하게 표현하며 의문을 제기합니다.

이 시편의 네 군데에서 아삽은 '나는(아니אני)'이라는 말로 시작하며 자기가 처한 상황을 표현합니다.

나는 하마터면 발이 미끄러지고(2절)
저는 멍텅구리, 알아듣지 못하였습니다.(22절)
저는 늘 당신과 함께 있어(23절)
저는 하느님께 가까이 있음이 … 좋습니다.(28절)

그의 말 속에는 신앙적 회의감이 고스란히 담겨있고 마치 하느님을 향한 신뢰를 포기한 듯 체념의 분위기마저 느껴집니다.(3절) 그가 내뱉는 탄식에서는 세상살이의 고단함과 쓰라림 그리고 억울함이 그대로 전해지기에, 쓴맛과 떫은맛과 신맛이 진하게 느껴집니다.

시인은 매우 다양하고 절묘한 은유적 표현들을 사용하여 악인들을 묘사합니다. 도통 괴로움이나 아픔 또는 고통을 모르는 악인들은, 윤기가 줄줄 흐르는 기름진 몸에, 목에는 교만이라는 목걸이를 걸고 폭력을 나들이옷처럼 둘렀습니다. 비계로 불거져 나온 눈을 가졌고, 혀로는 악의에 찬 말을 쏘아대며, 비웃기를 일삼고 심술궂으며 거만한데, 재산은 계속 불어납니다. 부끄러움이라고는 전혀 없이 버젓하게 오히려 뽐내고 다니는 일상을 영위합니다. 그런데 백성이 악인들에게 등을 돌리기는커녕 그들의 말을 물 마시듯 들이켜 그들의 악행에 물들어 가는 현실입니다. 심지어 '하느님이 아실 리 없다'라는 말도 스스럼없이 하는 악인들 앞에서, 시인은 억장이 무너집니다.

반면 정직하고 의롭게 살아가는 의인의 모습은 초라하기 이를 데 없습니다. 하느님을 두려워하지 않는 악인들이 합당한 대가를 치르기는커녕 승승장구하는 것을 지켜보는 시인은, 그동안 깨끗한 마음을 유지하고 죄짓지 않으려 애쓴 것이 과연 무슨 의미가 있는지 의구심을 가집니다. 그토록 부조리한 상황이 펼쳐지는 이유를 도무지 알 수 없어 낙담하고 좌절하는 가운데 신앙마저 흔들립니다. 아삽은 이런 상황에서 그럴듯해 보이는 믿음으로 자신을 포장하는 대신, '나도 그들처럼 살아버릴까!'라는 마음까지 품었음을 솔직하게 고백합니다. 하마터면 발이 미끄러져 걸음을 헛디딜 뻔했다고.(2절)

하느님 앞에서 지각없는 한 마리 짐승과 같이 무지했던 자신이 새로운 인식의 지평에 도달한 것은, 하느님의 성전에 들어갔을 때였습니다. 하느님께서 미끄러운 길에 세우신 이는 자기가 아니라 악인들이었고, 그분이 순식간에 그들을 멸망시키셨음을 깨달습니다. 결론적으로 자신은 미끄러지지 않았고, 하느님이 늘 그와 함께 계셨으며 그분의 오른손이 그를 붙들어 주셨음도 깨닫습니다. 눈에 보이는 것이 전부가 아니라는 진리에 새롭게 눈뜬 것입니다. 불의한 현실과 인간사의 온갖 모순이 하느님의 부재나 그분의 무능력에 대한 증거가 아니라는 사실도 알게 된 시인은, 그동안 자신의 편협한 시야로 말미암아 그 모든 것을 제대로 파악하지 못했음을 역설하고 있습니다. 이제 시인은 하느님이 자신의 반석이자 피신처임을 새롭게 고백하며, 다시는 미끄러지지 않으리라는 확신으로 주님의 구원 업적을 선포하겠다고 결심합니다. 세상의 모든 일이 하느님의 주도권 아래서 이루어짐을 깨달았기 때문입니다.

시편 73편은, 하느님께서 왜 부조리와 악덕을 내버려두시는지 불만도 품어보고 무고한 고통으로 휘청거리기도 했던 저자의 영적 성장 이야기입니다. 그는 적잖은 갈등으로 순탄치만은 않았던 신앙 여정을 통해, 하느님이 어떤 분이신지 깨달았습니다. 한때 품었던 모든 의구심과 거듭된 고뇌는 시인 나름의 '신학적 몸부림'이었다고 할 수 있겠습니다.

우리 현실도 별반 다르지 않습니다. 선악의 경계가 점점 더 불분명해지는 가운데 사회 곳곳에서 승승장구하는 악인들, 그들을 보며 신앙인들이 갈등과 혼란을 겪기도 하고 걸려 넘어지기도 합니다. 도무지 신앙의 문법이 작동하지 않는 것처럼 보이니, 하느님을 가장 오해하기 쉬운 때가 바로 이럴 때이지요. 그러기에 의심에서 신뢰로 넘어선 시인이 들려주는 신앙 이야기는, 저마다 나름대로 신맛, 쓴맛, 떫은맛을 보며 살고 있는 우리를 따뜻하게 위로하며 '살맛'을 되찾아 줍니다.

제 마음이 쓰라리고
제 속이 북받쳤을 때
저는 늘 당신과 함께 있어
당신께서 제 오른손을 붙들어 주셨습니다

시편 88편

1 [노래. 시편. 코라의 자손들. 지휘자에게. 알 마할랏 르안놋.
마스킬. 제라 사람 헤만]

2 주님, 제 구원의 하느님
낮 동안 당신께 부르짖고
밤에도 당신 앞에 서있습니다.

3 제 기도가 당신 앞까지 이르게 하소서.
제 울부짖음에 당신의 귀를 기울이소서.

4 제 영혼은 불행으로 가득 차고
제 목숨은 저승에 다다랐습니다.

5 저는 구렁으로 내려가는 이들과 함께 헤아려지고
기운이 다한 사람처럼 되었습니다.

6 저는 죽은 이들 사이에 버려져
마치 무덤에 누워있는
살해된 자들과 같습니다.
당신께서 더 이상 기억하지 않으시어
당신의 손길에서 떨어져 나간 저들처럼 되었습니다.

7 당신께서 저를 깊은 구렁 속에,
어둡고 깊숙한 곳에 집어넣으셨습니다.

8 당신의 분노로 저를 내리누르시고
당신의 그 모든 파도로 저를 짓누르십니다. 셀라

9 당신께서 벗들을 제게서 멀어지게 하시고
저를 그들의 혐오거리로 만드셨으니
저는 갇힌 몸, 나갈 수도 없습니다.

10 제 눈은 고통으로 흐려졌습니다.
주님, 저는 온종일 당신을 부르며
당신께 제 두 손을 펴 듭니다.

11 죽은 이들에게 당신께서 기적을 이루시겠습니까?
그림자들이 당신을 찬송하러 일어서겠습니까? 셀라

12 무덤에서 당신의 자애가,
멸망의 나라에서 당신의 성실이 일컬어지겠습니까?

13 어둠에서 당신의 기적이,
망각의 나라에서 당신의 의로움이 알려지겠습니까?

14 그러나 주님, 저는 당신께 부르짖습니다.
아침에 저의 기도가 당신께 다다르게 하소서.

15 주님, 어찌하여 저를 버리십니까?
어찌하여 당신 얼굴을 제게서 감추십니까?

16 어려서부터 저는 가련하고 죽어가는 몸
당신에 대한 무서움을 짊어진 채 어쩔 줄 몰라 합니다.

17 당신의 진노가 저를 휩쓸어 지나가고
당신에 대한 공포가 저를 부서뜨립니다.

18 그들이 날마다 물처럼 저를 에워싸고
저를 빙 둘러 가두었습니다.

19 당신께서 벗과 이웃을
제게서 멀어지게 하시어
어둠만이 저의 벗이 되었습니다.

신의 부재? 신의 일식!

20세기의 위대한 유다계 종교철학자 마르틴 부버는 '신은 죽었다'로 대표되는 무신론적 경향에 맞서 '신의 일식'이라는 새로운 관점을 제시했습니다. 하느님이 숨어계시는 것처럼 느껴지는 것이 '신의 부재'나 '신의 죽음'이 아니라 '신의 일식'이라는 참 멋진 말을 한 것입니다.

일식日蝕은 자연계에서 발생하는 현상으로 쉽게 말해 '해가림'이라고 할 수 있습니다. 지구 표면에서 보는 것을 기준으로, 달이 지구 주위를 돌면서 지구-달-태양이 동일 선상에 위치할 때, 태양이 일정 시간 동안 달에 가려지는 천문 현상입니다. 달이 태양의 전부를 가리면 '개기일식', 일부를 가리면 '부분일식'이라고 일컫습니다. 태양이 달에 가려져서 보이지 않는다고 해서 태양이 존재하지 않는 것이 아니듯, 하느님이 보이지 않는다고 해서 그분이 없거나 죽었다고 할 수 없습니다. 단지 하느님은 잠시 숨어계실 뿐입니다.

시편 88편은 이른바 하느님의 부재에 관한 대표적인 시편이고, 150편의 시편 가운데 가장 어둡고 암울합니다. 그래서 당황스럽습니다. 첫 부분에 등장하는 '구원의 하느님'이라는 호칭이 이 시편에서 찾을 수 있는 유일한 한 줄기 희망의 빛일 뿐, 전체적으로 칠흑 같은 어둠이 드리운 시편입니다. 시편의 마지막도 '어둠'이라는 단어로 끝나는, 그야말로 한 편의 기나긴 '통곡의 시'라고 할 수 있습니다.

탄식 시편으로 분류되는 시들은 대체로 탄식으로 시작해서 일정 부분이 지나면 하느님에 대한 신뢰를 어느 정도 회복하고 희망으로 끝맺는 경우가 많습니다. 그런데 시편 88편은 처음부터 끝까지 비통과 비탄으로만 점철됩니다. 이 시편의 음악적 기호인 '알 마할랏 르안놋'이 무엇을 뜻하는지 불분명하지만, 시편 88편의 내용에 비추어 볼 때 아마도 극심한 고통 중에 부르는 애절하고 비장한 곡조를 의미할 것 같습니다.

시편 가운데 가장 처절한 노래인 만큼 시편 88편은 초대교회 시절부터 예수님께서 십자가상 죽음을 기리는 성금요일 저녁기도 때 낭송되었습니다. 철저한 하느님의 침묵 속에 이루어진 예수 그리스도의 수난과 죽음이 이 시편의 내용과 참으로 부합하기 때문입니다. 또한 이 시편은 처연한 욥의 기도나 예레미야의 애가에 비견할 만한 작품으로 간주되기도 했습니다.

이 시편의 저자는 자신이 겪는 고통을 토로하지만, 그 이유에 관해서는 명확히 밝히지 않습니다. 다만 자기 영혼이 겪고 있는 깊은 어둠의 밤을 죽음의 세계에 빗대며, 저승, 깊은 구렁, 어둡고 깊숙한 곳 등으로 다양하게 표현합니다. 특별한 것은 12–13절에서 죽음의 세계를 가리키는 네 가지 표현(무덤, 멸망의 나라, 어둠, 망각의 나라)과 하느님을 가리키는 네 가지 표현(자애, 성실, 기적, 의로움)을 각각 짝을 지어 대구對句 형식으로 표현하고 있다는 점입니다.

무덤에서
　　당신의 자애가
멸망의 나라에서
　　당신의 성실이
　　　　　일컬어지겠습니까?
어둠에서
　　당신의 기적이
망각의 나라에서
　　당신의 의로움이
　　　　　알려지겠습니까?

시인이 하느님의 권능에 대해 던진 질문들에는, 죽은 이는 주님의 기적을 체험하지 못한다고 믿었던 고대 히브리인들의 '죽음에 대한 이해'가 드러납니다. 시인은 살아있지만 사실 죽은 것이나 마찬가지입니다. 그가 죽음의 세계에 버려졌다는 사실은 자신의 고통에 대한 책임이 하느님께 있다는 폭로와도 같습니다. 시인이 숨김없이 드러내고자 하는 심적 고통의 원인은 바로 '하느님의 숨어계심'입니다. 하지만 그는 믿음이 없는 사람은 아닙니다. 죽음의 공포 한가운데에서도 하느님을 찾으며 자신의 처지를 한탄하고 있기 때문입니다. 시편 88편에는 하느님에 대한 신뢰의 고백이나 그분을 찬양하겠다는 말이 없지만, 인내롭게 어둠의 시간을 견디며 '신의 부재'가 아닌 '신의 일식'을 믿는 모습이 드러나고 있습니다.

'흔들리지 않고 피는 꽃이 어디 있으랴'로 시작하는 시詩가 있습니다. 갈등이나 어려움이 없는 인생은 없습니다. 시편 저자는 직면한 힘든 상황에서도 '주님, 제 구원의 하느님'이라고 나지막이 되뇌며 우직한 모습으로 숨어계신 하느님을 향하고 있습니다.

울음이 터질 듯한 애처로운 목소리로 이어가는 시인의 고백이 응답 없는 하느님께 가 닿으리라 믿습니다. 침묵하시는 하느님 앞에 떨며 묵묵히 서있는 시인의 뒷모습에 울컥합니다. 그토록 짙은 암흑의 시간에서도 하느님 외에 다른 대안을 찾지 않는 그의 내적 강인함이 부럽습니다. 설령 자신이 죽음의 위협에 놓인다 해도 모든 것을 주관하시는 분은 하느님임을 알고 있기에 지닐 수 있는 강인함일지도 모르겠습니다.

자기의 고통을 외면하시고 침묵하시는 듯한 하느님 앞에서 떠나지 않고 그분께 간청하기를 멈추지 않는 시인의 신앙 언어는, 하느님의 응답을 얻어내기 위해 잔꾀를 부리는 것도 아니고 치밀하게 계산된 것도 아닙니다. 비록 자신의 간구가 당장 응답을 받지 못한다고 해도 쉽게 절망하거나 하느님께 매달리기를 단념할 시인도 아닙니다. 그럴수록 오히려 더 강력하게 하느님께 부르짖으며 고군분투하는 시인의 신앙 여정이 바로 이 암울한 시편을 그토록 매혹적으로 만드는 요소가 아닐까 싶습니다.

우리 역시 살아가는 동안 '신의 일식'을 거쳐야만 합니다. 깊은 절망에 빠졌을 때 당장 하느님의 응답이 없다고 하여 '신이 없다'라고 단정하고 다른 대안을 찾기 위해 다른 곳을 기웃거리지는 않는지요? 시편 88편의 저자가 우리의 그런 모습을 본다면 '누가 하느님을 포기하는가?' 하며 사자후를 토하지 않을까요? 이 시편의 저자처럼 우리도, 마치 하느님이 부재하시는 것처럼 느껴질 때가 오더라도 '주님, 제 구원의 하느님'을 읊조리며 하느님의 현존을 굳게 신뢰하는 희망의 신앙인이 되어야 하지 않을까요?

제 기도가
당신 앞까지 이르게 하소서
제 울부짖음에
당신의 귀를 기울이소서

시편 91편

1 지극히 높으신 분의 보호 속에 사는 이,
전능하신 분의 그늘에 머무는 이는

2 주님께 아뢰어라. "나의 피신처, 나의 산성이신
나의 하느님, 나 그분을 신뢰하네."

3 그분께서 새잡이의 그물에서
위험한 흑사병에서
너를 구하여 주시리라.

4 당신 깃으로 너를 덮으시어
네가 그분 날개 밑으로 피신하리라.
그분의 진실은 큰 방패와 갑옷이라네.

5 너는 무서워하지 않으리라, 밤의 공포도
낮에 날아드는 화살도

6 어둠 속에 돌아다니는 흑사병도
한낮에 창궐하는 괴질도.

7 네 곁에서 천 명이,
네 오른쪽에서 만 명이 쓰러져도
너에게는 닥쳐오지 않으리라.

8 오히려 네 눈으로 바라보리라.
악인들이 벌받음을 너는 보리라.

9 이는 네가 주님을 너의 피신처로,
지극히 높으신 분을 너의 안식처로 삼았기 때문이다.

10 너에게는 불행이 닥치지 않고
재앙도 네 천막에는 다가오지 않으리라.

11 그분께서 당신 천사들에게 명령하시어
네 모든 길에서 너를 지키게 하시리라.

12 행여 네 발이 돌에 차일세라
그들이 손으로 너를 받쳐주리라.

13 너는 사자와 독사 위를 거닐고
힘센 사자와 용을 짓밟으리라.

14 "그가 나를 따르기에 나 그를 구하여 주고
그가 내 이름을 알기에 나 그를 들어 높이리라.

15 그가 나를 부르면 나 그에게 대답하고
환난 가운데 내가 그와 함께 있으며
그를 해방하여 영예롭게 하리라.

16 내가 그를 오래 살게 하여 흡족케 하고
내 구원을 그에게 보여주리라."

내 영혼 숨기시고

이스라엘 공동체의 여러 시대와 세대를 아우른 작품집인 시편은 다양한 저자에 의해 저마다 다른 삶의 자리에서 올려진 기도이기에 일관성 있는 하나의 줄거리로 전개되지는 않습니다. 물론 몇 가지 주요한 주제는 있으나, 대부분 독립된 개별 시로 존재했던 것이 편집 과정을 거치면서 시편집이라는 하나의 책으로 묶이게 되었습니다. 그래서 시편집은 글의 내용을 체계적으로 나누는 구분인 '장章'이 아니라 '편篇'을 사용합니다. 150개의 시편 중 머리말이 없는 시편이 34개인데, 시편 91편도 그 가운데 하나입니다.

시편 91편은 저자가 자기 자신에게 말하는 듯한 영적 독백의 형식을 띠고 있습니다. 나와 너, 두 자아가 나누는 영적 대화라고 볼 수도 있습니다. 말에는 때로 자기 최면 효과가 있는데, 시인은 스스로에게 하느님이 보호하신다는 약속을 들려주며 내적 힘을 얻고 있습니다.

심리학 용어 '안전지대(comfort zone)'는 어떤 걱정이나 불안 없이 심리적으로 안정감과 친근함을 느끼는 영역을 의미하는데, 사람은 심리적으로 편안함을 느끼는 상태에서는 어떠한 일이 발생하더라도 별 어려움 없이 문제를 제어하고 해결할 수 있다고 합니다. 누구나 나름의 안전지대를 가지고 있으며, 편안함을 느끼는 장소, 취미, 신뢰하는 사람 등 안전지대가 될 수 있는 것은 다양합니다. 시편 91편의 시인은 자신의 안전지대가 '하느님 날개 밑'이라고 말합니다.

시인의 메시지는 단순합니다. 하느님을 의지하는 사람은 누구나 그분의 보호를 받는다는 것입니다. 시인은 그늘, 피신처, 산성, 깃, 날개, 안식처 등 하느님의 보호를 상징하는 다양한 은유를 사용하여 자신의 모든 안전이 그분께 달려

있음을 강조합니다. 시편 저자는 또한 새잡이의 그물, 흑사병, 밤의 공포, 화살, 괴질, 불행, 사자와 독사, 용 등 자신을 위협하는 대상도 나열하면서, 자기 삶에 닥칠 수 있는 위험을 생생하게 묘사합니다.

시인은 자기 곁에서 수천 명이 쓰러져도 자신은 하느님의 보호를 받고 있다고 고백합니다. 그분의 보호는 그분의 '천사'를 통해 이루어진다고 합니다. 시편의 마지막 부분에 등장하는 하느님의 말씀에는 일곱 가지 동사가 사용됩니다.

구하여 주리라		영예롭게 하리라
높이리라	함께 있으리라	흡족하게 하리라
대답하리라		구원을 보여주리라

하느님이 하신 일곱 가지의 약속은 '함께 있으리라'는 말씀을 중심으로 세 가지는 앞에, 나머지 세 가지는 뒤에 위치하는데, 이는 하느님이 늘 함께 계시리라는 약속이 그분이 하신 모든 약속의 중심에 놓여있음을 보여줍니다.

시편 91편은 매우 독특한 시편입니다. 예수님이 광야에서 유혹받으시는 이야기(마태 4,6; 루카 4,10-11)에서 사탄이 인용한 성경 말씀이기도 합니다. 그러나 출처만 정확할 뿐 내용은 잘못 해석되었습니다. 이는 사탄의 무지에서 기인하였다기보다 다분히 의도적이고 악의적인 노림수에서 비롯합니다.

사탄은 예수께 성전 꼭대기에서 뛰어내리라고 요구하며 시편 91편의 '행여 네 발이 돌에 차일세라 천사들이 손으로 너를 받쳐주리라' 하신 말씀을 인용합니다. 인용을 통해 자신의 논리를 보강하고, 천사들이 보호한다는 약속을 신뢰하라며 유혹합니다. 이에 그치지 않고 성경에 '다치게 하지 않는다'라는 하느님의 약속이 있다며 사탕발림까지 동원합니다. 하지만 예수님은 사탄이 하는 말의 모순을 꿰뚫어 보시고 그것이 하느님을 시험하는 일이라며 거절하십니다. 시편의 말씀은 하느님 백성이 어떤 상황에 있든, 어떤 처지에 있든 하느님의 한결같은 보호를 받는다는 뜻이지, 완벽한 안전에 대한 약속이라고 이해해서는 안 됩니다. 하느님께서 보호하시는지 아닌지를 확인하려는 시도는 그분을 시험하려 드는 것이나 다름없습니다.

사탄은 말 바꾸기와 말 비틀기에 능수능란합니다. 이미 창세기에서 하와를 유혹할 때 그 몹쓸 재능을 드러내 보인 바 있습니다. 에덴동산의 광경이 다시 연출되고 있습니다. 유혹의 동기는 불신 조장입니다. 천사의 손이 받쳐주는지 아닌지 확인을 원하는 마음은 믿지 못하는 데에서 오는 것입니다. 하느님의 약속은 어떤 일이 생겨나기 전에 모든 위험 요소를 미리 제거하여 예방하는 것을 뜻하지 않습니다. 그분의 보호에 대한 약속은, 어떤 재앙이든 사전에 방지하여 우리에게 닥치지 않게 한다는 뜻이 아니라 우리가 설령 재앙이나 고통 가운데 있더라도 그때 하느님의 보호와 돌보심이 함께할 것이라는 의미입니다.

시인은 하느님의 그 약속 덕분에, 엄습하는 밤의 공포나 어둠 속을 휘젓고 다니는 흑사병도 두렵지 않다고 고백합니다. 날아드는 화살이나 창궐하는 괴질도 무서워하지 않겠다고 말합니다. 시인이 하느님을 피신처로, 안식처로 삼았기 때문입니다. 이 고백에서도 하느님께서 고통을 제거하겠다는 약속은 하지 않으셨음을 확인할 수 있습니다. 신뢰에 찬 시인의 고백에, 하느님께서는 직접 답하십니다. “그가 나를 부르면 나 그에게 대답하고 환난 가운데 내가 그와 함께 있으며 그를 해방하여 영예롭게 하리라."(15절) 지금까지 시인의 말로 서술되던 내용이 하느님의 직접적인 말씀을 통해 사실로 확인되는 순간입니다. 그분은 시인의 고통에 '함께하겠다'고 약속하십니다. 시편 91편은 절망적이고 위험한 순간에도 하느님의 보호를 굳게 믿으라는 초대입니다.

가톨릭교회에는 일과를 마치고 밤의 휴식을 취하기 전 바치는 끝기도 때 이 시편을 노래하는 오랜 전통이 있습니다. 여기에는 낮에 수고한 이에게 평온한 밤의 안식을 선사하신 하느님께 감사드리고 다시 새 아침을 맞이할 수 있기를 바라는 마음이 담겨있습니다. 우리의 온 존재를 하느님께 맡기며 그분의 충실한 보호와 약속에 의지하도록 이끄는 시편의 내용이 밤기도와 참 잘 어울립니다.

하느님은 우리 영혼을 당신 날개 그늘에 숨기시고 보호하시는 분입니다. 이 글을 읽고 있는 당신은 어떤 사람인가요? 하느님을 피난처로 삼으시나요? 아니면 스스로 은신처를 만드시나요?

시편 100편

1 [감사를 위한 시편]
온 세상아, 주님께 환성 올려라.

2 기뻐하며 주님을 섬겨라.
환호하며 그분 앞으로 나아가라.

3 너희는 알아라, 주님께서 하느님이심을.
그분께서 우리를 만드셨으니 우리는 그분의 것,
그분의 백성, 그분 목장의 양 떼이어라.

4 감사드리며 그분 문으로 들어가라.
찬양드리며 그분 앞뜰로 들어가라.
그분을 찬송하며 그 이름을 찬미하여라.

5 주님께서는 선하시고
그분의 자애는 영원하며
그분의 성실은 대대에 이르신다.

'고함' 아닌 '함성'

월드컵이나 올림픽에서 한국 팀의 경기가 열릴 때면 국가 대표팀을 격려하기 위해 경기장 안팎을 가득 메운 사람들이 단체 응원전을 펼치곤 합니다. 한마음 한뜻으로 외치는 함성과 응원가는 모두를 하나로 묶어줍니다. 응원단장의 유도에 많은 이가 큰 함성으로 화답하는 모습은 깊은 전율을 불러일으키기도 합니다. 함성은 선수들의 사기를 높여주는 한편, 상대 팀을 심리적으로 압박하기도 하고 관중이 경기에 더욱 집중할 수 있도록 흥분의 도가니로 몰아가는 역할도 합니다.

콘서트나 행사장에서 분위기를 띄우기 위해 청중에게 떼창 또는 함성을 적극적으로 요청하는 가수도 있습니다. 자! 뛰어!, 다 같이 소리 질러!, 함성 5초간 발사! 등의 구령을 통해 청중으로부터 이끌어 낸 우레와 같은 함성은 흥을 돋우는 데 아주 제격입니다.

한자어 함성은 소리칠 함喊과 소리 성聲자로 이루어져 있습니다. 함喊은 소리를 내는 입口이 그 역할을 다咸할 때까지 목청 끝까지 내는 소리입니다. 반면 '고함高喊'은 여럿이 함께 외치는 소리라기보다는 누군가가 있는 힘을 다해 부르짖는 소리로 '함성'과는 다른 뉘앙스를 지닙니다.

시편 100편은 이스라엘 백성에게 '다 함께 외치는' 함성을 요구합니다. 시편은 시작에서부터 '주님께 환성 올려라' 하고 초대합니다. 이 시편이 성전 예배 때 사용되었을 가능성이 큽니다. '환성'에 해당하는 히브리어 '루아(רוע)'는 기뻐서 큰 소리를 지르다, 고함을 치다, 귀먹게 할 정도로 소리를 높이다 등의 의미입니다. 예를 들어 여호수아기의 예리코 성 함락 장면에 나오는 함성이 특히 유명하지요.

'루아'는 적군의 침략을 급히 알리는 경보이기도 했고, 성막의 계약 궤가 진영으로 들어올 때나 왕의 즉위식 때 외치는 환호이기도 했으며, 전쟁에서 승리한 뒤 지르는 함성이기도 했습니다. 예배 때 하나님께 드리는 찬양은 마치 전쟁의 함성 같아야 마땅하다고 강조하는 시인의 열정이 선명하게 드러나는 시편입니다.

시편 93편부터 99편까지 7개의 시편은 임금이신 하나님의 위엄을 선포하고 그의 통치를 찬양하는 내용이며, '임금이신 하나님은 정의와 공평의 재판관이시다'라는 주제로 서로 밀접하게 연결되어 있습니다. 시편 100편은 시편 93편에서 99편까지 이어온 하나님 찬양을 종합하는 시편으로, 마치 모든 것을 마무리하며 바치는 '영광송' 같은 기도입니다. 임금이신 하나님을 찬양하며 섬길 것을 요청하기 때문입니다. '찬양'이란 하나님의 다스림을 체험하고 바라는 이에게 합당한 자세입니다. 요약하자면, 시편 100편은 하나님의 다스림을 체험한 백성에게 그분을 열렬히 찬양하도록 독려하는 시편입니다.

한편 이 시편은 150개의 시편 가운데 유일하게 '감사를 위한 시편'이라는 머리말을 가지고 있고, 본문에도 감사의 메시지가 분명하게 드러납니다. 감사의 첫 번째 이유는 하느님께서 우리의 하느님이시기 때문이고, 두 번째 이유는 하느님께서 우리를 지으셨기 때문이며, 세 번째 이유는 우리가 그분의 소유이기에, 네 번째 이유는 우리가 그분의 백성이기에, 다섯 번째 이유는 우리가 그분의 양 떼이고 그분이 우리의 목자이시기 때문입니다. 그분이 '우리의 하느님'이라는 확신은 우리가 '그분의 것'이라는 고백과 맞물려 있습니다. 이는 자신의 정체성에 대한 놀라운 인식입니다. 한 민족의 존재와 의미가 그분과의 관계와 긴밀하게 엮여있음을 고백하는 이 표현은 우리 존재와 하느님과의 관계를 선명하고도 또렷하게 밝혀줍니다.

히브리어에서 '알다(야다ידע)'는 단순 지식을 의미하지 않습니다. 몸과 마음은 물론 삶을 통해 체험적으로 아는 것을 뜻합니다. 시인은 하느님이 우리의 하느님임을 안다는 건 그분이 우리와 얼마나 친밀한 관계를 맺고 계시는 분인가를 깨닫는 데에 있다고 강조합니다. 그는 하느님께 올리는 감사를 언급하면서 하나님과 우리의 관계를 설명합니다. 하나님은 우리를 창조하신 분이며, 우리는 그분의 소유이고, 백성이며, 양 떼라고 표현합니다. 하나님을 알아가는 여정은 단순한 지적 경험을 넘어 우리의 온 존재로 체험하는 인격적 소통입니다.

이 시는 다섯 소절로 이루어진 비교적 짧은 시편입니다. 그러나 속도감 있는 문장과 군더더기 없는 표현이 환호 소리를 증폭시켜 웅장함을 느끼게 합니다. 시인은 처음부터 끝까지 그분에 대한 감사와 찬양을 노래하며 모든 이가 찬양에 동참할 것을 요청합니다. 짧은 시편임에도 환성 올려라, 섬겨라, 나아가라, 알아라, 들어가라(2회), 찬미하여라 같은 명령형 동사가 무려 일곱 번이나 나타납니다. 비애나 탄식 또는 원망이 깃든 부정적 단어는 언급되지 않습니다. 하느님을 향한 찬양의 육성이 모든 것을 압도하는 에너지를 뿜어냅니다.

하느님 앞에 '나아가라'라고 할 때 사용된 히브리어는 '아바드(עבד)'입니다. 이 단어의 기본 의미는 '섬기다'입니다. 이 동사로부터 '노예'와 '종'을 의미하는 단어인 '에베드(עֶבֶד)'가 파생되었습니다. '아바드'가 의미하는 바는 단순한 성전 예배 행위를 넘어서 온 생애에 걸쳐 하느님께로 향하는 삶, 전면적으로 하느님의 뜻을 따르는 '에베드(종)'의 삶입니다.

이는 또한 하느님을 임금으로 모시는 사람이 살아가는 모습이기도 합니다. 하느님만이 주님이시라 고백하고 그 고백에 따르는 모든 의무를 충실히 수행하며 그분을 섬기는 삶은, 벅찬 감격 속에서 자발적으로 이루어지는 섬김입니다. 이처럼 시편 저자는 언제 어떤 상황에서도 하느님을 찬양하며 온 생애를 통해 하느님을 섬기라고 촉구합니다.

시인은 이 시편의 마지막 부분에서 '그분은 선하시고 영원한 자애를 지니셨으며 항구하게 성실하신 분'이라고 고백하며 하느님이 어떤 분이신지 명확히 밝혀줍니다. 그분이 이루신 일은 물론 그분이 지닌 성품 또한 우리가 그분을 찬양해야 하는 이유라고 역설합니다.

감사와 찬양은 하나님께 드리는 예배의 문(4절)을 여는 열쇠에 해당하기에, '축복의 전주곡'이라고도 할 수 있습니다. 하나님의 창조물이자 소유이며 백성이자 양 떼인 우리가 저마다 삶의 자리에서 그분께 감사하며 찬양의 노래를 부를 수 있다면, 그것이야말로 하나님께 영광을 드리는 기도가 될 것입니다. 찬양의 함성으로 채워 쓴 시편 100편의 삶을 살아 보고 싶지 않으신가요?

온 세상아, 주님께 환성 올려라
기뻐하며 주님을 섬겨라
환호하며 그분 앞으로 나아가라

시편 113편

1 할렐루야!
찬양하여라, 주님의 종들아.
찬양하여라, 주님의 이름을.

2 주님의 이름은 찬미받으소서,
이제부터 영원까지.

3 해 뜨는 데서 해 지는 데까지
주님의 이름은 찬양받으소서.

4 주님께서는 모든 민족들 위에 높으시고
그분의 영광은 하늘 위에 높으시다.

5 누가 우리 하느님이신 주님과 같으랴?
드높은 곳에 좌정하신 분

6 하늘과 땅을
굽어보시는 분

7 억눌린 이를 먼지에서 일으켜 세우시고
불쌍한 이를 거름에서 들어 올리시는 분.

8 그를 귀족들과, 당신 백성의 귀족들과
한자리에 앉히시기 위함이다.

9 아이를 낳지 못하는 여인도 집 안에서 살며
여러 아들 두고 기뻐하는 어머니 되게 하시는 분이시다.
할렐루야!

시편, 나의 기도가 되다

시편 113편을 읽으면 성경의 많은 인물 가운데 특별히 두 여인이 떠오릅니다. 구약의 '한나'와 신약의 '마리아'입니다. 두 여인 모두 자신들처럼 가난한 이를 높이시는 하느님을 찬양한 노래를 불렀는데 그 가사가 이 시편과 매우 비슷하기 때문입니다. 시편은 성전 예배 때 사용된 노래이지만, 그렇다고 해서 공적 예배 때에만 사용된 것은 아닙니다. 일상에서 개인적으로 기도할 때도 자주 애용되었습니다. 실제로 시편은 개인 기도에서 탄생했으며, 사람들도 저마다 자기 상황에 꼭 맞는 시편을 선택하여 기도로 바쳤습니다. 예수님도 십자가 위에서 시편으로 마지막 기도를 하셨듯이, 시편으로 개인 기도를 바치는 행위는 당시 널리 행해지던 관례였습니다.

이 시편은 '할렐루야(הללויה)' 곧 '하느님을 찬양하여라'라는 말로 시작하여 동일한 말로 끝맺고 있습니다. 다시 말하면 시작과 마지막에 배치된 '찬양하여라'라는 외침이 113편의 전체 내용을 봉합해서 품고 있다고 할 수 있습니다. 일반적으로 '할렐'이라는 말이 자주 등장하는 시편들을 묶어 '할렐 시편'이라고 부릅니다. 시편 113–118편, 120–136편, 146–150편이 할렐 시편에 해당합니다. 유다인들은 그들의 중요한 3대 축제인 파스카, 초막절, 오순절에 할렐 시편을 노래했습니다. 그 가운데 시편 113–118편은 특별히 이집트 탈출을 기념하는 파스카 축제 때 노래한 시편이었기 때문에 '이집트 할렐 시'라고도 합니다.

앞서 언급했듯이 '할렐루야'로 시작되는 이 시편은, '주님의 이름을 찬양하여라'를 세 번이나 반복하며 강조하고 있습니다. 하느님과 그분의 이름은 찬양받으시기에 마땅하다는 선언입니다. 1절에서는 찬양의 대상이신 하느님께 초점을 맞추었다면, 2절에서는 찬양받으실 시기에 관심을 기울입니다. 찬양은 '이제부터 영원까지' 지속되어야 한다고 말합니다. '이제부터' 곧 찬양의 출발은 '오늘'부터입니다. '내일'도, 내일이면 '오늘'이 됩니다. 매일이 찬양의 날인 셈입니다. 이 구절을 우리 삶 안으로 옮겨본다면, 우리 삶에서 찬양받으실 분은 하느님이시고 그 찬양은 오늘, 지금 그리고 매일 다시 시작되며, 내가 숨 쉬는 동안, 내가 살아있는 동안, 나의 한평생 이루어져야 할 일입니다.

찬양의 대상과 시기에 이어 저자는 이제 찬양의 장소와 범위에 대해 말합니다. "해 뜨는 데서 해지는 데까지"라는 말은 온 세상을 뜻합니다. 마치 '한라에서 백두까지'라고 할 때 우리나라 전역을 의미하듯 말입니다. 시인은 하느님 찬양이 국한된 장소나 정해진 시간에 특정한 사람들에 의해 이루어지는 것이 아니라, 우리 삶의 모든 영역에서 모든 이에 의해 매 순간, 그야말로 시도 때도 없이 이루어져야 함을 강조하고 있습니다. 하느님을 찬양해야 하는 이유는 그분이 '모든 민족 위에' 계시고 그분의 '영광이 하늘 위에' 높기 때문이며, 이 찬양은 "드높은 곳에 좌정하신" 하느님을 향한 우주적 선포로 확장되어 장대하게 펼쳐집니다. 시편 113편은 비교적 짧고 간결하지만, 매우 웅장한 느낌을 주는 시편입니다.

시인은 모든 민족 위에 계시고 하늘 위에 앉아계신 그분을, 자신을 낮추시어 하늘과 땅을 살피러 오시는 분으로 묘사하고 있습니다. 거룩하신 그분의 모습은 또한 해방과 구원의 기쁨을 주는 분으로 확장되어 갑니다. 하느님께서 찬양받으셔야 할 또 다른 이유이기도 합니다. 그분이 억눌리고 불쌍한 이들과 소외되고 버려진 이들에게 놀라운 일을 하셨기 때문입니다.

'하늘 위 가장 높은 곳에 계시는 분'이 '땅 아래 가장 낮은 곳을 살피시는 분'으로 서술되는 이 부분은 의미가 매우 깊습니다. 바로 이스라엘의 구원 체험에 해당하는 이집트 탈출 사건이, 하느님께서 하늘에서 내려오시어 땅을 살피시며 땅에서 들려오는 소리를 귀여겨들으신 것에서 출발하기 때문입니다(탈출 2,23-25). 따라서 이 시편은 이스라엘 자손의 구원 체험이 반영된 신앙고백이라고 하겠습니다. 높으신 분이면서도 자신을 스스로 낮추시고 낮은 사람들은 들어 높이시는 하나님의 멋진 모습을 강조하기 위해, 시인은 유사한 단어를 반복해서 사용합니다.

> 억눌린 이를 먼지에서 일으켜 세우시고
> 불쌍한 이를 거름에서 들어 올리시는 분(7절)

이 부분에서 아이 못 낳던 여인 한나가 연상됩니다. 그녀가 마침내 아이를 갖게 되고 인생 역전을 체험하며 감격에 겨워 부른 노랫말이 시편의 내용과 일맥상통하기 때문입니다. 이제 시인은 사회적 소외 계층을 가리키는 '억눌린 이' 또는 '불쌍한 이'를 '아이를 낳지 못하는 여인'으로 구체화하여 하나님의 은혜를 드러내고 있습니다. 그분은 어머니라 불리지 못하는 여인을 어머니가 되게 하는 분이십니다.

> 아이를 낳지 못하는 여인도 집 안에서 살며
> 여러 아들 두고 기뻐하는 어머니 되게 하시는 분이시다.(9절)

기도에 대한 하늘의 응답이 어질할 정도로 황홀합니다. 한나가 느꼈던 감격과 환희를 다정한 손길로 차근히 펼쳐내는 듯한 이 구절은, 아브라함의 아내 사라의 불임을 통한 이스라엘의 구원 역사의 서막에서부터 세례자 요한의 어머니 엘리사벳까지, 나아가 성경에 등장하는 수많은 '한때 불임이었던 어머니'를 떠올리게 합니다. 마치 그들이 시공을 초월하여 우리 앞에 다가오는 듯한 감격마저 느낍니다.

앞서 언급한 대로, 시편 113편이 이스라엘의 주요 3대 축제에서 불리는 노래였다는 사실이 흥미롭습니다. 축제는 이스라엘인들의 신앙을 고백하는 자리이기도 했기에, 이 노래를 부르면서 '불임'에서 시작된 자신들의 정체성을 되새기는 기회이기도 했습니다. 자기들의 조상이자 '한때 불임이었던 어머니들'을 기억하며 신앙의 첫 마음을 그대로 간직하기 위한 그들의 노력이 놀랍습니다. 그러므로 무에서 유를 창조하신 '하느님을 찬양하여라'라는 초대는, 공동체적·개인적 구원 체험과 잊을 수 없는 소중한 기억들에 바탕을 두고 있다고 하겠습니다. 시편을 노래한다는 것은 기억의 힘을 키우는 일이 아닐까 싶습니다.

아이 낳지 못 하는 한 여인을 많은 자녀의 어머니로 만드시는 전능하신 하느님과 그분의 한없는 자비를 일깨워 주는 시편 113편은, 친히 땅을 굽어보시며 새로운 역사를 만드시는 하느님의 업적을 기리는 노래입니다. 그러기에 그분을 합당하게 찬양해야 한다고 강조하며 힘찬 '할렐루야'로 마침표를 찍습니다.

우리도 한나의 마음으로, 마리아의 마음으로, 이스라엘 백성의 마음으로 이 시편을 노래하며, 하늘이 나의 삶 안에 깃드는 신비를 살아갈 수 있다면 참 좋겠습니다. 그때가 바로 시편이 나의 기도가 되는 순간일 것입니다.

누가 우리 하느님이신 주님과 같으랴?
억눌린 이를 먼지에서 일으켜 세우시고
불쌍한 이를 거름에서 들어 올리시는 분

시편 119편

1 (알렙) 행복하여라, 그 길이 온전한 이들
주님의 가르침을 따라 걷는 이들!

2 행복하여라, 그분의 법을 따르는 이들
마음을 다하여 그분을 찾는 이들!

3 불의를 저지르지 아니하고
그분의 길을 걷는 이들!

4 당신께서는 규정을 내리시어
열심히 지키게 하셨습니다.

5 아, 당신 법령을 지킬 수 있도록
저의 길이 굳건하였으면!

6 그러면 당신의 모든 계명을 바라보며
제가 부끄럽지 않으리이다.

7 제가 의로운 법규를 배울 때에
당신을 올곧은 마음으로 찬송하오리다.

8 당신 규범을 지키오리다.
저를 아주 버리지 마소서.

9 (베트) 젊은이가 무엇으로
제 길을 깨끗이 보존하겠습니까?
당신의 말씀을 지키는 것입니다.

10 제 마음 다하여 당신을 찾습니다.
당신 계명을 떠나 헤매지 않게 하소서.

11 당신께 죄짓지 않으려고
마음속에 당신 말씀을 간직합니다.

12 주님, 당신께서는 찬미받으소서.
제게 당신 규범을 가르치소서.

13 당신 입에서 나온 모든 법규를
제 입술로 이야기합니다.

14 온갖 재산을 얻은 듯
당신 법의 길로 제가 기뻐합니다.

15 당신 규범을 묵상하고
당신 길을 바라보오리다.

16 당신 규범으로 제가 기꺼워하고
당신 말씀을 잊지 않으오리다.

17 (기멜) 당신 종에게 선을 베푸소서.
제가 살아 당신 말씀을 지키오리다.

18 제 눈을 열어주소서.
당신 가르침의 기적들을 제가 바라보오리다.

19 저는 이 땅에서 이방인일 뿐
제게서 당신 계명을 감추지 마소서.

20 당신의 법규를 늘 열망하여
제 영혼이 갈망으로 지칩니다.

21 당신께서는 교만한 자들을 꾸짖으시니
당신 계명을 떠나 헤매는 자들은 저주받은 자들입니다.

22 모욕과 멸시를 저에게서 치우소서.
저는 당신의 법을 따랐습니다.

23 권세가들이 모여 앉아 저를 거슬러 말하여도
당신 종은 당신의 법령을 묵상합니다.

24 당신 법이 저의 즐거움이며
저의 조언자입니다.

25 (달렛) 제 영혼이 흙바닥에 붙어있습니다.
당신의 말씀대로 저를 살려주소서.

26 저의 길을 말씀드리자
당신께서는 제게 응답하셨습니다.
당신의 법령을 저에게 가르치소서.

27 당신 규정의 길을 제게 깨우쳐 주소서.
당신의 기적들을 묵상하오리다.

28 제 영혼이 시름으로 녹아내립니다.
당신의 말씀대로 저를 일으키소서. [...]

114 당신은 저의 피신처, 저의 방패
저는 당신 말씀에 희망을 둡니다.

115 내게서 물러가라, 악을 저지르는 자들아.
나는 내 하느님의 계명을 지키리라.

116 당신 말씀대로 저를 붙들어 주소서. 제가 살리이다.
제 희망 때문에 제가 부끄러운 일을 당하지 않게 하소서.

117 저를 붙드소서. 제가 구원되어
당신의 법령을 늘 살피리이다.

118 당신 법령에서 빗나간 자들을 당신께서는 모두 업신여기시니
그들의 행실이 거짓된 속임수이기 때문입니다.

119 당신께서는 세상의 악인들을 모두 찌꺼기로 여기시니
저는 당신의 법을 사랑합니다.

120 당신이 무서워 제 살이 떨리며
제가 당신의 법규를 경외합니다.

121 (아인) 저는 공정과 정의를 실천하였습니다.
저를 억누르는 자들에게 넘기지 마소서. […]

166 주님, 저는 당신의 구원을 바라며
당신의 계명을 실천합니다.

167 제 영혼은 당신의 법을 지키며
그것을 더없이 사랑합니다.

168 제가 당신의 규정과 법을 지키니
저의 모든 길이 당신 앞에 있기 때문입니다.

169 (타우) 주님, 제 부르짖음이
당신 앞에 다다르게 하소서.
당신 말씀대로 저를 깨우치소서.

170 제 간청이 당신 앞에 이르게 하소서.
당신 말씀대로 저를 구해주소서.[…]

175 제가 살아 당신을 찬양하고
당신의 법규가 저를 돕게 하소서.

176 길 잃은 양처럼 헤매니
당신의 종을 찾으소서.
당신의 계명을 잊지 않았습니다.

알파벳 시편, 기억의 선율

기억력이 좋지 못한 사람을 금붕어에 빗대곤 합니다. 물고기의 기억력이 3초라는 말도 하지요. 그런데 더는 금붕어의 기억력을 비웃을 때가 아닌 듯합니다. 내비게이션과 스마트폰 등 다양한 기술 문명의 이기를 사용하는 현대인들의 기억력이 자꾸 떨어지고 있기 때문입니다. 디지털 기기에 대한 의존도가 너무 높다 보니 뇌 기능은 점차 퇴화되고 있습니다. 뇌에 저장하던 우리의 기억을 이제는 기계에 맡겨놓고 살아가는 셈이니 좀 안타까운 일입니다.

주일학교 다니던 시절 해마다 성경 암송 대회가 열리곤 했습니다. 그때 외웠던 성경 말씀 또는 노래 가사는 아직도 기억에 남아있어 새삼 놀랄 때가 있습니다. 말씀을 암송한다는 것은 분명 큰 노력이 요구되는 일이긴 하지만, 그럼에도 암송은 그리스도인의 삶에 가장 도움이 되는 영적 훈련 가운데 하나라고 봅니다. 바야흐로 스마트폰이 우리 일상을 지배하는 이 시대, 성경 말씀 또한 스마트폰에서 쉽게 볼 수 있으니 말씀을 외우는 행위 자체가 어쩐지 시대에 뒤떨어지는 일처럼 느껴지기도 합니다.

종이가 발명되고 인쇄술이 발달하기 전까지 성경은 읽기 위한 책이 아니라 듣기 위한 책이었습니다. 고대에는 성경 제작에 드는 비용이 엄청났고, 문맹률도 높았기에 일반 개인이 성경을 소지한다는 것은 엄두도 내지 못할 일이었습니다. 따라서 들은 말씀을 기억하여 암송해야 했습니다. 암송은 종교 문헌들이 보존되고 전승되는 데 지대한 공헌을 했습니다.

히브리어 '자카르(זכר)'는 말하다, 기억하다, 주의를 기울여 회상하다 등의 뜻으로 인간의 정신적 활동을 뜻합니다. 자카르가 '말하다'와 '기억하다'의 의미를 모두 가지고 있는 까닭은, 히브리인들에게 있어 '말'은 '기억'을 전제로 하기 때문입니다. 기억은 과거의 일을 회상하는 것만을 의미하지 않고 과거를 현재화합니다. 그들을 구원하기 위해 역사하셨던 하나님을 기억하며, 자신들이 지금도 여전히 그 구원에 참여하고 있음을 고백하는 것입니다.

히브리인들은 하나님 말씀을 잘 기억하려고 온갖 노력을 기울였습니다. 그 가운데 하나가 '알파벳 시편'입니다. 각 행의 첫머리에 히브리어 알파벳을 순차적으로 사용하여 시詩의 심미적 기능을 높일 뿐만 아니라, 시편 본문을 보다 잘 기억할 수 있게 하는 형식의 시편입니다. 어쩌면 시편을 노래한다는 것은 기억의 힘을 키우는 일일지도 모르겠습니다.

시편 119편은 성경 전체에서 가장 긴 장이고 가장 긴 시입니다. 이 시편은 여덟 편의 알파벳 시편 가운데 일곱 번째 시편입니다. 성경에서 숫자 7은 완전, 충만함, 완벽을 의미하기에, 시편 119편이 알파벳 시편 가운데서 가장 탁월하다는 사실을 넌지시 드러내고 있습니다. 무려 176절로 된 이 시편은 스물두 개의 단락으로 이루어졌으며, 각 단락은 여덟 절로 구성되어 있습니다. 시편 저자는 히브리어 자음 22개를 순서대로, 각 단락에 포함된 여덟 절의 첫머리에 배치했습니다. 한 단락을 이루는 여덟 절이 매번 같은 글자로 시작하는 셈이지요. 우리말로 번역된 성경에서는 이처럼 아름다운 구성이 잘 드러나지 않지만, 히브리어 성경을 보면 분명해집니다. 히브리어의 첫 번째 알파벳인 '알렙(א)'이 1절에서 8절까지 각 절의 첫머리를 장식하고 있습니다.

1 אַשְׁרֵי תְמִימֵי־דָרֶךְ הַהֹלְכִים בְּתוֹרַת יְהוָה׃

2 אַשְׁרֵי נֹצְרֵי עֵדֹתָיו בְּכָל־לֵב יִדְרְשׁוּהוּ׃

3 אַף לֹא־פָעֲלוּ עַוְלָה בִּדְרָכָיו הָלָכוּ׃

4 אַתָּה צִוִּיתָה פִקֻּדֶיךָ לִשְׁמֹר מְאֹד׃

5 אַחֲלַי יִכֹּנוּ דְרָכָי לִשְׁמֹר חֻקֶּיךָ׃

6 אָז לֹא־אֵבוֹשׁ בְּהַבִּיטִי אֶל־כָּל־מִצְוֹתֶיךָ׃

7 אוֹדְךָ בְּיֹשֶׁר לֵבָב בְּלָמְדִי מִשְׁפְּטֵי צִדְקֶךָ׃

8 אֶת־חֻקֶּיךָ אֶשְׁמֹר אַל־תַּעַזְבֵנִי עַד־מְאֹד׃

이런 식으로 다음 여덟 절인 9-16절은 히브리어 알파벳 두 번째 글자인 '베트(ב)'로 시작되며, 그다음에도 계속 같은 방식으로 이어집니다. 알파벳을 순서대로 사용하였기에 외우기도 쉽고, 보기에도 아름다운 시편이 탄생한 것입니다.

작자 미상인 이 시편은 '하느님의 말씀' 곧 '율법'을 매우 강조하고 있는 것이 특징입니다. 176절 가운데 두 절(90절과 122절)을 제외한 모든 절에서 '하느님의 말씀'이라는 의미를 지닌 히브리어 단어가 하나 또는 두 개씩은 꼭 들어가 있는 점을 보더라도 율법에 대한 저자의 애정이 얼마나 큰지를 알 수 있습니다.

시편 119편에서 하느님의 말씀은 다음에 열거하는 열 가지 동의어로 표현되어 있습니다.

증거, 법규, 규범, 계명, 법, 말씀, 길, 가르침, 법령, 규정

모두 율법을 의미하는 단어입니다. 저자는 이처럼 그분의 말씀을 다양한 말로 노래하며 하느님 백성의 삶에서 하느

님의 율법, 곧 토라가 차지하는 역할을 재차 강조합니다. 또한 즐거워하다, 사랑하다, 지키다, 묵상하다, 기뻐하다, 사모하다 등 갖가지 서술어를 사용함으로써 토라가 경건한 삶의 최고 이상임을 암시할 뿐 아니라, 말씀에 대한 지극한 사랑을 드러내고 있으니 참으로 경이로울 따름입니다.

시편 119편이 한 치의 오차도 없이 잘 짜인 각본처럼 다채로운 문학적 언어를 담고 있다는 사실도 놀랍지만, 길고 긴 이 시가 열린 결말로 끝맺는다는 점도 궁금증을 유발하며 귀를 쫑긋 세우게 만듭니다. 이 시편의 마지막 구절에서 시인은 애처로운 목소리로 "길 잃은 양처럼 헤매니 당신 종을 찾으소서"라고 말합니다. 그의 외로움이 가슴 깊이 들어와 박히는 듯합니다. 그가 간청하고 있는 두 가지는 주님의 말씀이 자신을 깨우치게 해 달라는 것(169절)과 자기를 뒤쫓는 자들에게서 구해달라는 것(170절)인데, 자신은 희망을 온통 주님에게만 두고 있으므로 자기를 길 잃은 양처럼 버려두지 말라는 호소이기도 합니다. 더 나아가 하느님의 말씀이 그 말씀만을 붙들고 살아가는 자신을 지켜주시리라는 것을 보증하는 표지를 보고 싶어 합니다.

이 시편은 하느님의 결정적인 응답을 듣지 못한 채로 끝맺지만, 그럼에도 시인은 그동안 주님께만 모든 것을 바라며 그분의 말씀에 순종해 온 자신의 삶에서 무언의 격려를 얻고 있는 듯합니다. 힘겨워 보이는 상황에서도 여전히 하느님을 오롯이 신뢰하며 그분 품에 안겨있기 때문입니다.

질서 있는 짜임새로 이루어진 이 시편을 통해, 저자는 하느님의 말씀에 따라 질서 지어진 삶만이 온전한 삶이라고 역설합니다. 저자가 사용하고 있는 문학적 장치 곧 히브리어 알파벳 첫 글자부터 마지막 글자까지 동원된 이 시편의 구조는 '토라'가 인간 존재의 모든 면을 망라하고 있음을 보여주는 좋은 도구가 됩니다. 인간 삶의 온갖 문제가 결국 율법의 테두리 안에 있음을 시사하는 것이지요. 신앙에 바탕을 둔 온전하고 가치로운 삶을 영위하기 위해서는, 하느님 말씀에 순종하는 것이 가장 좋은 방법임을 강조하고 있다고도 볼 수 있습니다.

그러므로 시편 119편은 영원하시고 한결같이 자비로운 하느님의 모습을 깨달은 이스라엘이 흔들림 없이 그분만을 의지하리라는 고백을 담은 송가頌歌입니다. 아울러 율법에 대한 각별한 애정을 특유의 필체로 그려낸 이 시편은, 하느님의 말씀에 순응하며 살기 위한 결단을 요구하고 있습니다.

시편 120편

1 [순례의 노래]
곤경 속에서 주님께 부르짖자
나에게 응답하셨네.

2 "주님, 거짓된 입술에서
속임수 혀에서 제 목숨을 구하소서."

3 속임수 혀야, 너 무엇을 받으랴?
너 무엇을 더 받으랴?

4 전사의 날카로운 화살들을
싸리나무 숯불과 함께 받으리라.

5 아, 내 신세여! 메섹에서 나그네살이하고
케다르의 천막들 사이에서 지내야 했으니.

6 나는 평화를 미워하는 자들과
너무나 오래 지냈구나.

7 내가 평화를 바라고 이야기하면
저들은 전쟁만을 꾀하였다네.

시편 127편

1 [순례의 노래. 솔로몬]
주님께서 집을 지어주지 않으시면
그 짓는 이들의 수고가 헛되리라.
주님께서 성읍을 지켜주지 않으시면
그 지키는 이의 파수가 헛되리라.

2 일찍 일어남도 늦게 자리에 듦도
고난의 빵을 먹음도 너희에게 헛되리라.
당신께서 사랑하시는 이에게는 잘 때에 그만큼을 주신다.

3 보라, 아들들은 주님의 선물이요
몸의 소생은 그분의 상급이다.

4 젊어서 얻은 아들들은
전사의 손에 들린 화살들 같구나.

5 행복하여라, 제 화살통을
그들로 채운 사람!
성문에서 적들과 말할 때
수치를 당하지 않으리라.

시편 133편

1 [순례의 노래. 다윗]
보라, 얼마나 좋고 얼마나 즐거운가,
형제들이 함께 사는 것이!

2 머리 위의 좋은 기름 같아라.
수염 위로,
아론의 수염 위로 흘러내리는,
그의 옷깃 위에 흘러내리는 기름 같아라.

3 시온의 산들 위에 흘러내리는
헤르몬의 이슬 같아라.
주님께서 그곳에 복을 내리시니
영원한 생명이어라.

시편 134편

1 [순례의 노래]
이제 주님을 찬미하여라,
주님의 모든 종들아
밤 시간에
주님의 집에 서있는 이들아.

2 성소를 향하여 손을 들고
주님을 찬미하여라.

3 하늘과 땅을 만드신 주님께서
시온에서 너에게 복을 내리시리라.

거룩함을 향한 순례

달걀의 부화율과 음악과의 관계는 널리 알려진 이야기입니다. 양계장에서 클래식 음악이 울려 퍼지게 되면서 닭들의 음악 취향에 관한 연구도 뒤따랐습니다. 닭의 종류에 따라 음악 취향도 가지각색이겠지만, 닭들이 대체로 팝은 좋아하고 바이올린 연주곡과 헤비메탈은 싫어한다는 기사를 읽은 적이 있습니다. 암튼 음악 덕분에 달걀 생산량이 늘어났기에, 그 여파로 젖소들도 모차르트와 베토벤 음악의 청취자가 된 지 오래라고 합니다.

음악이 과연 닭과 소에게만 영향을 미칠까요? 자장가나 응원가가 우리에게 어떤 영향을 주는지 경험으로 잘 알고 있지 않은지요? 우리 민족은 노래를 유난히 좋아했고, 일터에서도 노래를 즐겨 불렀습니다. 보리타작할 때나 모심기할 때 노동요를 불렀고, 노를 저으면서 뱃노래를 흥얼거렸습니다. 일의 지루함과 피로를 덜어주고 리듬에 동작을 맞춰 생산성을 높이는 역할을 하는 노래는, 삶의 고단함을 토닥이는 귀중한 수단이었습니다. 그래서 어떤 이는 노동과 예술의 최초 접점이 음악, 노래였다고 말하기도 합니다.

성경에도 삶의 고단함을 달래기 위해 불렀던 노래가 있는데 그 가운데 하나가 일명 '순례 시편'으로 분류되는 작품들입니다. 유다인들은 일 년에 세 번 큰 축제일(파스카, 초막절, 오순절)이 되면 예루살렘 성전을 방문했는데, 그들이 성전에서 또는 성전을 향해 올라가면서 불렀던 찬미의 노래를 '순례 시편'이라고 합니다. 시편 120편부터 134편까지 열다섯 편을 묶어서 '순례 시편'이라고 하는데, '열다섯'이라는 숫자가 예루살렘 성전으로 올라가는 계단 열다섯 개를 가리킨다고 해석하기도 합니다. 열다섯 편에 달하는 시의 흐름이 하느님의 집을 향해 한 단계씩 나아감을 의미한다고 보기도 합니다. 열다섯 시편에는 공통적으로 '성전으로 올라가는 노래'라는 머리말이 붙어있습니다. 그 가운데 열 개 시편의 저자는 익명이고, 네 편은 다윗의 작품이며, 한 편은 솔로몬의 저작으로 알려져 있습니다.

앞서 언급했듯이, '순례 시편'에는 순례의 목적지인 예루살렘 성전에 도착해서 부르는 노래뿐만이 아니라 성전을 향해 올라가는 순례여정 중에 부르는 노래도 포함되어 있습니다. 순례 시편들의 길이가 다른 시편들보다 상대적으로 짧은 이유는, 아마도 암송하기에 적당한 분량을 의도했던 저자들의 배려였던 것 같습니다. 목적지에 도착하는 것뿐 아니라 목적지를 향해가는 도정道程도 순례로 여겼으며, 예배의 중심지인 성전을 향해 가는 여정에서 체험한 하느님의 보호와 섭리에 대한 고백을 시편에 담았습니다.

흥미로운 것은 열다섯 개의 순례 시편이 시편 127편을 기점으로 앞뒤 일곱 편씩 나뉜다는 것입니다. '순례 시편집' 중심부에 위치한 시편 127편의 주제가 '헛됨'이라는 사실 또한 깊은 의미를 품고 있습니다.

주님께서 집을 지어주지 않으시면
그 짓는 이들의 수고가 헛되리라.
주님께서 성읍을 지켜주지 않으시면
그 지키는 이의 파수가 헛되리라.
일찍 일어남도, 늦게 자리에 듦도
고난의 빵을 먹음도 너희에게 헛되리라.

시편 127편은 아주 명쾌한 교훈을 담은 지혜 시편으로써 '하느님 없이는 인간의 모든 수고가 덧없음'을 깨우쳐 줍니다. 이 시편은 머리말에 솔로몬의 작품이라고 명시되어 있는데, 이스라엘 역사상 가장 넓은 영토와 막강한 군사력을 소유하고 하느님의 성전과 많은 왕궁을 건축한 그가 하는 고백이기에 더 울림이 큽니다.

그는 특별히 이 시에서 '집'과 '성읍'을 언급하고 있는데, 하느님의 도움 없이는 '집을 지음'과 '성읍을 지킴'이 헛됨을 노래하고 있습니다. 한 집안과 나라가 경제력이나 국방력으로 유지되는 것이 아님을 주장합니다. 성경에서 들려주는 '수고의 원리'는 인간의 지혜나 노력에 달린 것이 아니라 하느님의 도우심에 달려있다는 것입니다. 지혜의 상징인 솔로몬이 들려주는 '지음'과 '지킴'이라는 두 어휘가 시인의 마음을 단단히 붙들고 있습니다.

솔로몬은 우리 삶 속에 '하느님의 지음'과 '하느님의 지킴'이 있기에 단잠이 가능하다(127편)고 말하며, 삶에서 우러나오는 신앙고백을 이어갑니다. 우리가 이룬 업적과 우리가 받은 축복이 실은 '우리의 수고'가 아닌 '하느님의 수고'에서 비롯된 것임을 분명하게 말해주고 있습니다.

'순례 시편집'에서 또 하나 인상적인 것은 첫 번째 순례 시편과 마지막 순례 시편들 사이에서 일어나는 변화입니다. 첫 순례 시편인 120편에서는 성지 순례를 앞둔 시인이 자기 이웃들에게서 받은 상처를 호소하며 자신의 처연한 신세를 하소연합니다. 순례를 떠나기 전, 이웃의 거짓말과 속임수에 짓눌린 삶의 고단함도 토로합니다. 그런데 순례 시편집 끝자락에서는 순례를 마친 순례자가 성전을 바라보며 "얼마나 좋고 즐거운가, 형제들이 함께 사는 것이!"(133편)라는 놀라운 고백을 합니다. 거짓과 속임수를 일삼고 평화를 미워하던 그들로 인해 생긴 생채기로 눈물 가득한 삶을 살던 시인이, 순례를 마칠 무렵 형제들과 더불어 사는 삶의 가치와 행복을 발견하고 주님을 찬미(134편)하고 있으니 말입니다. 이 놀라운 심적 변화의 변곡점은 아마도 예루살렘 성전에서 일어난 하느님의 현존 체험이 아니었을까 싶습니다.

우리는 모두 인생이라는 길을 나선 순례자입니다. 순례자는 제자리에 안주하며 정지된 삶을 사는 사람이 아니라, 고단해도 목적지를 향해 거듭거듭 발길을 재촉하는 사람입니다. 때로 인생이라는 여정에서 찔린 가시에 아파하고 상처도 얻지만, 삶의 모퉁이마다 함께하시는 하느님의 보호와 놀라운 섭리를 체험하기도 합니다. 문득문득 하느님의 현존을 마주할 수 있으리라는 희망 때문에, 삶의 무게에 짓눌려 지내면서도 우리 마음과 지친 발걸음이 다시 생기를 얻곤 합니다. 그렇기에 우리의 순례는 방랑이 아니라 거룩함과의 만남이라고 할 수 있을 것입니다.

시편 136편

1 주님을 찬송하여라, 좋으신 분이시다.
주님의 자애는 영원하시다.

2 신들의 신을 찬송하여라.
주님의 자애는 영원하시다.

3 주님들의 주님을 찬송하여라.
주님의 자애는 영원하시다.

4 홀로 큰 기적들을 일으키신 분을.
주님의 자애는 영원하시다.

5 슬기로 하늘을 만드신 분을.
주님의 자애는 영원하시다.

6 땅을 물 위에 펼쳐놓으신 분을.
주님의 자애는 영원하시다.

7 커다란 빛들을 만드신 분을.
주님의 자애는 영원하시다.

8 낮을 다스리라 해를 만드신 분을.
주님의 자애는 영원하시다.

9 밤을 다스리라 달과 별들을 만드신 분을.
주님의 자애는 영원하시다.

10 이집트의 맏배들을 치신 분을.
주님의 자애는 영원하시다.

11 이스라엘을 그들 가운데에서 이끌어 내신 분을.
주님의 자애는 영원하시다.

12 강한 손과 뻗은 팔로.
주님의 자애는 영원하시다.

13 갈대 바다를 둘로 가르신 분을.
주님의 자애는 영원하시다.

14 이스라엘을 그 가운데로 지나가게 하셨다.
주님의 자애는 영원하시다.

15 파라오와 그의 군대를 갈대 바다에 처넣으셨다.
주님의 자애는 영원하시다.

16 사막에서 당신 백성을 인도하신 분을.
주님의 자애는 영원하시다.

17 큰 임금들을 치신 분을.
주님의 자애는 영원하시다.

18 뛰어난 임금들을 죽이셨다.
주님의 자애는 영원하시다.

19 아모리 임금 시혼을.
주님의 자애는 영원하시다.

20 바산 임금 옥을 죽이셨다.
주님의 자애는 영원하시다.

21 이들의 땅을 상속 재산으로 주셨다.
주님의 자애는 영원하시다.

22 당신 종 이스라엘에게 상속 재산으로 주셨다.
주님의 자애는 영원하시다.

23 우리가 비천할 때 우리를 기억하셨다.
주님의 자애는 영원하시다.

24 원수들에게서 우리를 해방시키셨다.
주님의 자애는 영원하시다.

25 모든 육신에게 빵을 주시는 분을.
주님의 자애는 영원하시다.

26 하늘의 하느님을 찬송하여라.
주님의 자애는 영원하시다.

감사는 감사의 완성

민요는 특정한 작사자와 작곡자 없이 민중 사이에 자연스럽게 구전되어 내려온 노래이기에, 가사도 지방마다 넣고 싶은 내용을 중간중간에 삽입하기도 하는 등 어느 정도 유연성이 허용되는 음악 장르입니다. 때로 후렴구를 붙여 흥을 돋우면서 노래를 메기는 이와 받는 대중이 하나가 되게 하기도 합니다. 한국 민요에 등장하는 유명한 후렴구들 가운데는 얼씨구 씨구 들어간다 절씨구 씨구 들어간다, 쾌지나 칭칭 나네, 옹헤야 어절씨구 옹헤야 에헤 에헤 옹헤야 등이 있지요. 듣기만 해도 신이 나고 정겹습니다.

대체로 이런 후렴구에는 특별한 뜻이 있지 않지만, 발음하기 좋고 리듬감이 있어서 부를수록 노래를 감칠맛 나게 합니다. 이런 후렴구는 노래를 메기는 사람의 소리에 동조하고 화답하면서 회중을 신명 나게 하는 역할도 합니다. 또 회중이 후렴구를 노래하는 동안에 메기는 사람은 잠시 숨을 고르기도 하고 다음 가사도 생각할 수 있는 여유를 누립니다. 그냥 밋밋하게 노래하는 것보다 이렇게 주거니 받거니 노래하면서 흥겹게 일하면 연대감이 생기고 일의 효율성도 높아지겠지요!

시편 136편은 세상 창조 때부터 약속의 땅에 이르기까지의 길고 긴 역사를 노래하고 있기에 역사 시편으로 분류됩니다. 노래로 불리는 역사는 사람들의 기억에 더 오래 더 깊이 남습니다. 게다가 이 시편이 사람들에게 더 각인될 수 있는 이유는, 본문을 구성하는 26개의 절이 모두 후렴구로 끝나므로 선창자와 회중이 노래를 주고받도록 되어있다는 점입니다. 선창자가 전반부를 노래하면 회중이 후렴구를 받아 노래하는 식으로, 우리 민요와도 닮았습니다.

이 시편의 매절마다 반복되는 후렴구는 "주님의 자애는 영원하시다"입니다. 각 절의 전반부는 하느님이 이루신 놀라운 업적을 26가지 표현으로 다채롭게 노래하고 있고, 후반부에서는 그것이 '주님의 영원하신 자애' 때문이라고 거듭 반복하며 찬양하고 있습니다.

'감사하다'의 의미로 사용되는 히브리어 단어는 '야다(ידה)'인데, 이 단어는 우리가 생각하는 '감사'라는 의미에만 국한되지 않고 인정하다, 찬양하다, 선포하다, 고백하다의 뜻까지 두루 내포하고 있습니다. 한편 시편 136편에 나오는 '호두(הודו)'는 '야다'에서 파생한 명령어인데 우리말 성경에서는 '찬양하여라'로 옮기고 있습니다.

감사와 찬양은 넓은 의미에서 하나이기에 감사 시편과 찬양 시편은 밀접하게 연결되어 있다고 볼 수 있지만, 굳이 구분하자면 감사는 특별한 사건이나 선물에 대한 고마움의 표현이며 찬양은 감사를 드리는 대상을 향합니다. 시편에 나오는 감사나 찬양은 개인이나 공동체의 구원 체험을 바탕으로 표현된 것이며, 하느님께서 이루신 업적과 구원에 대한 '감사'가 하느님을 향한 '찬양'으로 드높여진 것입니다. 그래서 이 시편에서도 26가지의 감사할 일을 하나씩 언급할 때마다 매번, 그 일을 이루신 하느님께 '그분의 자애는 영원하시다'라는 후렴을 반복하며 하느님을 찬양하고 있습니다.

이 시편에 언급된 26가지의 굵직굵직한 일들은 특별히 신앙 규범이 될 만한 사건들로써 창세기에서 여호수아기에 나오는 구원 역사를 두루 아우릅니다. 허구도 민담도 신화도 아닌, 구체적인 이스라엘의 역사 안에서 기억되는 하느님의 구원 업적들이 나열됩니다. 이 시편은 이스라엘의 신앙고백이기도 하며, 하느님께서 이루신 놀라운 일들뿐 아니라 그것을 주관하신 하느님의 존재 자체에 대한 '감사'로 넘쳐납니다.

감사의 이유는 세 가지로 나눌 수 있습니다. 첫 번째는 그분이 창조주 하느님이시기 때문입니다. 천지를 창조하신 하느님이자 세상의 여느 신들과는 차원이 다른 그분에게 "주님들의 주님", "신들의 신" 등의 최상급 표현을 쓰고 있습니다. 히브리어는 최상급 표현이 따로 없기에, 무엇을 강조하기 위해서는 이처럼 같은 단어를 반복하거나 같은 뜻을 가진 단어를 나열합니다. '헛되고 헛되다', '왕 중의 왕', '뼈 중의 뼈', '살 중의 살'이라고 하듯 말입니다.

두 번째는 인간의 역사歷史를 섭리하고 계시는 하느님, 한마디로 이스라엘의 역사 안에서 이룩하신 하느님의 구원에 대한 감사입니다. 그 가운데에서도 으뜸은 이집트 탈출 사건, 곧 갈대 바다를 건넌 사건입니다. 그것은 그들의 역사에서 최고의 영적 체험에 해당하는 일이었습니다. 아울러 광야 생활 40년 동안 자신들의 끊임없는 불평과 불만에도 불구하고 인내롭고 충실하게 인도해 주신 하느님께 감사를 드리지 않을 수 없는 것입니다.

세 번째는, 하느님께서 힘센 민족들이 아니라 보잘것없는 자신들을 선택하시어 젖과 꿀이 흐르는 약속의 땅 가나안으로 인도하시고, 그 땅을 차지하게 해주신 데 대한 감사입니다.

시편 136편은 '감사 찬송'으로 시작하여 '감사 찬송'으로 끝을 맺습니다. 거듭 반복하여 드리는 '감사'는 이스라엘 백성이 자신들의 역사를 되돌아보며 하느님께 대한 불신으로 유배라는 고난의 길을 걸었던 상처를 치유하고 회복하는 과정이기도 합니다. 자신들은 계약을 어기고 하느님을 배반했어도 하느님은 한결같이 계약에 충실하셨음을 고백하고, 그분께 감사드리며 좋으신 그분의 자비가 영원함을 노래하는 가운데, 바로 그들에게도 치유가 일어나기 때문입니다.

최인호 작가는 "기도는 소망으로 시작되지만 감사로 완성된다. 시작만 있되 끝이 없는 미완성의 기도를 우리는 주문처럼 외우고 있다"라고 했습니다. 그렇습니다. 우리의 기도는 미완성일 때가 많습니다. 간절함과 애절함으로 시작하지만, 막상 기도가 이루어졌을 때는 그에 대한 감사를 쉽게 놓치고 맙니다. 시편 136편을 음미하며 우리의 모든 기도가, 하느님의 뜻 안에서 이루어지기를 소망하고 감사로 마무리되며 나아가 그분을 찬양하는 삶으로 완성되면 참 좋겠습니다.

시편 137편

1 바빌론강 기슭
거기에 앉아
시온을 생각하며 우네.

2 거기 버드나무에
우리 비파를 걸었네.

3 우리를 포로로 잡아간 자들이
노래를 부르라,
우리의 압제자들이 흥을 돋우라 하는구나.
"자, 시온의 노래를 한 가락
우리에게 불러보아라."

4 우리 어찌 주님의 노래를
남의 나라 땅에서 부를 수 있으랴?

5 예루살렘아, 내가 만일 너를 잊는다면
내 오른손이 말라버리리라.

6 내가 만일 너를 생각 않는다면
내가 만일 예루살렘을
내 가장 큰 기쁨 위에 두지 않는다면
내 혀가 입천장에 붙어버리리라.

7 주님, 에돔의 자손들을 거슬러
예루살렘의 그날을 생각하소서.
저들은 말하였습니다. "허물어라, 허물어라,
그 밑바닥까지!"

8 바빌론아, 너 파괴자야!
행복하여라, 네가 우리에게 행한 대로
너에게 되갚는 이!

9 행복하여라, 네 어린것들을 붙잡아
바위에다 메어치는 이!

차마 부를 수 없는 노래

타향살이 몇 해던가 손꼽아 헤어보니
고향 떠난 십여 년에 청춘만 늙어
부평 같은 내 신세가 혼자도 기막혀서
창문 열고 바라보니 하늘은 저쪽…

한두 번쯤은 들어보셨을 망향의 설움과 아픔을 노래한 오래된 대중가요인 <타향살이>입니다. 고향이나 고향을 그리워하는 마음에 대한 주제는 동요, 민요, 가곡, 대중가요의 단골 소재였던 적이 있습니다. 타향살이의 서러움과 고향에 대한 향수를 다독여 준 노랫말 한 자락은 고향을 떠나 사는 이들에게 위로가 되었고, 구슬픈 선율은 마음을 달래준 치료제였을 것입니다.

남유다왕국이 바빌론에게 패해 멸망하고 백성들이 바빌론으로 끌려가 유배살이를 하게 되었습니다. 남의 나라 땅에서 사는 서러움과 그리운 고국, 고향에 대한 향수를 느끼지 않을 수 없었을 것입니다. 함께 축제를 지내던 성전에 대한 그리움은 또 얼마나 남달랐을지 짐작하고도 남습니다. 이런 애틋한 마음을 노래한 것이 시편 137편입니다.

이 시편은 듣는 이의 간장을 토막 내는 듯 몹시 슬픈 단장곡斷腸曲 같습니다. 첫 구절부터 시작하여 시의 어느 한 소절도 이스라엘인들의 서러운 체험이 묘사되지 않은 곳이 없다고 해도 과언이 아닙니다. 절절한 한과 애달픔이 눅진하게 묻어나는 이 시편에는 아픔도 음악으로 흘려보냈던 그들의 마음이 잘 드러납니다. 그들은 이렇게 시온의 노래를 부르며 서로를 다독이고 민족의 정체성을 지켜나갔습니다. 빼앗긴 조국을 그리워하는 그들의 마음에 실감이 가는 이유는, 우리 민족도 일제강점기를 견뎌왔기 때문이 아닌가 합니다.

이스라엘 민족은 자기들의 얼룩진 역사를 굳이 숨기려 하지 않습니다. 성경 곳곳에서 자신들이 과거에 저지른 과오를 밝히고 있는 것을 발견할 수 있습니다. 또한 유배지에서의 비참한 삶과 애환을 있는 그대로 표현하는 데도 주저하지 않았습니다. 어찌 보면 감추고 싶은 치욕스러운 역사의 장면들까지도 후손들에게 담담하게 들려주며 자기들이 범한 실수를 되풀이하지 않도록 하는 그들의 성숙한 역사의식이 돋보입니다.

이 시편은 머리말이 따로 붙어있지 않아 저자에 대한 정보를 전혀 알 수 없습니다만 내용상으로는 역사를 회상하는 시편으로 분류됩니다. 유배라는 역사적 배경으로 말미암아 시편의 전체 분위기는 비통과 비애로 가득합니다. 시편 저자는 바빌론 사람들을 '우리를 포로로 잡아간 자들', '우리의 압제자들'이라고 표현합니다. 그래서 이 노래는 타향살이

하는 포로의 노래입니다. 하느님의 성전에서 그분을 찬양하던 시절에 대한 사무친 그리움일 수도 있고, 또한 그렇게 하지 못했던 과거에 대한 참회일 수도 있습니다.

자신들을 포로로 끌고 온 이들이자 자신들의 압제자들이 '시온의 노래'를 불러 흥을 돋우어 달라고 요구한 이유는, 하느님의 도성과 폐허가 된 성전을 조롱하기 위해서입니다. '시온'은 원래 예루살렘에 위치한 산의 이름인데, 이스라엘인들은 예루살렘을 지칭할 때 '영원불멸의 신전' 또는 '천상의 장소'라는 의미를 담아 '시온'이라고 불렀습니다. 따라서 압제자들 앞에서 그 노래를 부른다는 것은 하느님을 조롱거리로 만드는 격이기에, 그들에게 있어 시온의 노래는 '차마 부를 수 없는 노래'입니다. 그래서 시인이 노래합니다.

예루살렘아, 내가 만일 너를 잊는다면
내 오른손이 말라버리리라.
내가 만일 너를 생각 않는다면 …
내 혀가 입천장에 붙어버리리라.

침략자들의 흥을 돋우기 위해 악기를 연주하고 노래한다는 것은 있을 수 없는 일이라는 결의에 찬 고백입니다. 하느님의 도성 예루살렘을 잊거나 거기에 관심을 두지 않는다면 손이 말라버려 악기를 연주할 능력, 노래할 능력이 사라져도 좋다는 의미입니다. 이 모진 말이 참으로 애처롭게 느껴집니다. 시편 구구절절 하느님의 도성 예루살렘을 향한 그들의 사무친 그리움이 절절히 배어납니다.

시인은 비파를 나무에 걸어두었다고 말하는데, 이것은 더는 악기를 연주하지 않음을 나타냅니다. 하느님의 도성과 성전이 폐허가 되었는데 어찌 악기를 타며 즐거운 노래를 부를 수 있겠느냐는 단호한 거부 의지가 느껴집니다. 그러니 '나무에 걸어둔 비파'는 단순히 연주를 멈추었다는 것 이상의 깊은 의미를 담고 있는 셈입니다.

성경에서 '나무에 걸다'라는 동사는 사람을 매달아 죽일 때 주로 사용되는 표현입니다.(신명 21,22; 여호 8,29; 10,26; 2사무 4,12; 21,12; 에스 2,23; 5,14; 9,13) 따라서 '나무에 걸린 비파'는 흥겨운 소리를 내던 악기가 마치 처형된 죄수처럼 매달려

있는 모습을 나타냅니다. 깊은 슬픔을 드러내는 은유적 표현입니다. 나무에 걸려있는 비파는 포로로 끌려온 이스라엘인들 가운데 하나인 시인의 자화상이기도 하며, 동시에 우리를 구원하신 십자가상 예수님을 연상케 합니다.

비탄과 애통이 너무나 컸기 때문일까요? 애상곡 분위기가 반전되어 느닷없이 압제자들에 대한 거침없는 저주가 쏟아집니다. 먼저, 예루살렘 파괴의 날에 에돔의 자손들이 저지른 일을 기억하시도록 하느님께 부르짖습니다. 에돔은 에사우의 후손으로 유다 쪽에서 볼 때 형제 나라였습니다. 하지만 예루살렘 파괴의 날 그들은 형제가 아니라 오히려 바빌론을 돕고 유다 백성을 사로잡아 포로로 넘기고 노예로 팔아버리는 행위를 일삼았습니다. 그러므로 하느님께서 그들을 심판해 주시기를 간청하고 있는 것입니다. 그런 다음 침략자 바빌론을 향해 신랄한 어조로 날 선 목소리를 높입니다.

행복하여라, 네가 우리에게 행한 대로 너에게 되갚는 이!
행복하여라, 네 어린것들을 붙잡아 바위에다 메어치는 이!

사실 이 잔혹한 행위는 예루살렘이 멸망할 때, 침략자 바빌론이 실제로 저지른 만행이었습니다. 그래서 하느님께 그들의 행실을 고발하면서, 그 잔혹함을 기억하시어 그들이 했던 그 행위 그대로 되갚아 주시기를 바라며 울분을 토하고 있습니다. 이처럼 시편에 가끔 나타나는 거친 저주의 말들은, 시인 편에서 통제되지 않은 감정의 분출이라기보다 원수들의 말이나 행동을 그대로 인용 또는 묘사한 것으로 볼 수 있습니다. 이 시편에서 특히 지독한 저주를 담고 있는 7–9절이 주는 거북함 때문에, 교회 전례 때 바치는 기도에서는 이 부분을 뺐습니다. 차마 입에 담기 힘든 거친 표현들이기에, '원수 사랑'과 '용서'를 강조하는 그리스도교의 윤리에 부합하지 않다고 판단했기 때문입니다.

다른 측면에서 보면, 시편에 나타나는 저주와 악담들은 하느님의 통치를 염원하는 간절함에서 생긴 것입니다. 시편이 토해내는 분노와 독설은 하느님의 도성과 성전에 대한 애끓는 그리움의 또 다른 표현일 것입니다. 저주가 표독할수록 자신들이 당한 고통이 또 하느님의 집과 고향에 대한 그리움이 그만큼 크다는 방증이기 때문입니다. 분노의 표출을 통해 어찌할 수 없었던 현실과 아픈 마음을 달래기도 했을 것입니다. 당혹스러운 독설과 그 내용의 잔인함이 우리를 불편하게 만들기도 하지만, 그 말들도 기도 안에서 표출된 것이었음을 고려한다면 그것도 엄연한 '기도'입니다. 사실 시편에 나타나는 저주는 실질적이고 직접적이라기보다는 시적 표현에 가까우며, 저주의 말들은 개인적 원한의 표출이라기보다 '예루살렘'의 궁극적 적대자를 향한 독설입니다.

시인이 이토록 강도 높은 분노의 말을 쏟아낼 수 있는 이유는, 하느님께서 자기 민족의 고통을 보시고 들으시고 행동하실 것이라는 깊은 확신이 있기 때문입니다. 그렇다면 우리는 저주의 말들을 담고 있는 시편들을 그저 불편하게만 생각할 것이 아니라, 하느님의 도우심을 간절히 바라는 염원과 미래를 향한 희망을 피력하는 노래라고 보아도 되지 않을까요!

포로가 되어 유배지에 끌려온 이스라엘인들에게 시온의 노래는 고향에 대한 절절한 그리움이었기에 압제자 앞에서는 차마 부를 수 없던 애국가였음을, 시편 137편은 지그시 표현하고 있습니다.

시편 150편

1 할렐루야!
하느님을 찬양하여라, 그분의 성소에서.
주님을 찬양하여라, 그분의 웅대한 창공에서.

2 주님을 찬양하여라, 그분의 위업으로.
주님을 찬양하여라, 그분의 가없는 위대함으로.

3 주님을 찬양하여라, 뿔 나팔 불며.
주님을 찬양하여라, 수금과 비파로.

4 주님을 찬양하여라, 손북과 춤으로.
주님을 찬양하여라, 현악기와 피리로.

5 주님을 찬양하여라, 낭랑한 자바라로.
주님을 찬양하여라, 우렁찬 자바라로.

6 숨 쉬는 것 모두 주님을 찬양하여라.
할렐루야!

찬양, 시편의 화룡점정!

모든 일에는 시작이 있고 끝이 있습니다. '시작이 반'이라는 말이 있듯이 어떤 일이든지 시작이 중요합니다. 시작이 있어야 결과를 낼 수 있기 때문입니다. 하지만 일의 마무리, 끝맺음은 그 일의 시작보다 더 중요할 수 있습니다. 추진력 부족과 미흡한 끝맺음을 비유적으로 이르는 '용두사미龍頭蛇尾'는 일의 마무리가 지니는 중요성을 일깨워 주는 사자성어입니다. 그러나 뭐니 뭐니 해도 마무리의 미학과 중요성을 강조하는 단어로는 '화룡점정畵龍點睛'만한 것이 없습니다. 용 그림에 눈동자를 그려 넣는다는 뜻으로, 사소한 것이 전체를 돋보이게 한다는 비유이기도 하지만 가장 중요한 부분을 마쳐 일을 끝낸다는 의미로 시작보다 마무리의 중요성을 일깨우는 한자 숙어입니다.

우리 일상에서도 일의 마무리가 얼마나 중요한 요소인지 심심찮게 찾아볼 수 있습니다. 음악에서도 가장 중요한 부분은 마무리(엔딩)이고, 야구에서는 선발 투수만큼 마무리 투수가 중요합니다. 패색이 짙은 경기의 결과를 뒤집을 수도 있기 때문입니다. 또한 육상 400미터 계주에서도 가장 월등한 실력을 보유한 선수가 맨 마지막 주자로 달리는 것만 보아도 끝맺음에 더 무게를 두고 있음을 알 수 있습니다. 성경에 있는 '일의 끝이 시작보다 낫다'(코헬 7,8)라는 말씀도 '마무리'의 가치를 암시하고 있습니다.

1편으로 시작된 시편 기도는 150편에 이르기까지 탄식과 찬양, 감사와 지혜를 노래하며 숨 가쁘게 달려왔습니다. 시편의 시작인 1편과 마지막인 150편은 멋진 짝을 이룹니다. 흥미롭게도 두 시편 모두 같은 수의 절, 곧 6절로 이루어져 있습니다. 기억하시겠지만 시편 1편은 율법을 따라 걷는

'복된 사람의 이야기'로 출발했습니다. 그리고 150편에서는 하느님을 '찬양하는 사람들의 이야기'로 끝을 맺는데, 이 두 주제는 사실상 시편집 전체의 주제라고 할 수 있겠습니다. 시편 150편은 또한 시편집의 결론으로도 볼 수 있습니다. 이 시편은 '찬양하여라'라는 외침으로 마무리되는데, 시편집 전체를 하나의 그림으로 본다면 시편 150편은 그야말로 화룡점정입니다. 일반적으로 시편을 '찬양의 책'이라고도 하는데, 찬양의 책 종결로서도 '찬양하여라'라는 표현은 전혀 손색이 없어 보입니다.

시편 150편은 익명의 저자가 쓴 작품입니다. 이 시편은 시편집의 맨 끝에 위치하기도 하지만, 146편부터 시작된 할렐루야 시편을 마무리하기도 합니다. '찬양하다'에 해당하는 히브리어 '할렐(הלל)'은 구약 성경에 200회 이상 등장합니다. 그 가운데 시편에만 무려 119회 나타나는 것만 보아도, 왜 시편을 '찬양의 책'이라 부르는지 알 것 같습니다. 그중에도 시편 150편은 단 여섯 절로 이루어진 시임에도 '할렐루야'라는 말이 13회나 등장합니다. 게다가 찬양하지 않으면 도저히 안 될 것처럼 '찬양하라'라고 순전히 명령형으로 촉구하고 있습니다. 눈여겨볼 점은 '할렐루'와 '야'의 합성어인 '할렐루야'는 그 강조점이 '할렐루(הללו)' 곧 '찬양하라'에 있는 것이 아니라, '야(יה)'에 있습니다. '야'는 하느님을 의미하는 축약형으로 찬양이 누구를 향한 노래인지를 드러내고 있습니다. 찬양의 대상은 바로 크시고 크신 하느님입니다.

1절은 찬양의 장소가 어디인지 알려줍니다. 바로 '그분의 성소'와 '그분의 웅대한 창공'입니다. '성소'와 '창공'은 하느님이 현존하시는 공간을 의미합니다. 이로써 하늘과 땅의 노래가 만나는 것입니다. 땅에서는 사람들이 성소에서 찬양하고 하늘 창공에서는 천사들이 찬양하기 때문입니다. 마치 예수 그리스도의 탄생 때 하늘의 천사가 노래하고 땅이 응답한 것처럼 말입니다.

2절에서는 하느님께서 찬양받으셔야 할 이유를 들려줍니다. 그것은 그분이 하신 일과 관련 있습니다. 비록 그분의 위대하신 일에 대하여 구체적으로 열거하지는 않지만, 그분의 창조, 보존, 섭리 그리고 구원 업적은 시편들이 한결같이 노래하는 주제이기에 어렵지 않게 짐작할 수 있습니다.

이뿐만 아니라 시편 저자는 3–5절에서 그분을 어떻게 찬양해야 합당한지에 대하여도 일러줍니다. 그는 하느님을 찬양할 때 매혹적인 소품들을 사용하도록 독려하는데, 무려 아홉 가지나 되는 악기가 나열되고 있습니다. 관악기와 현악기, 타악기와 인간의 몸이 연주하는 춤을 포함하여 아홉 가지의 악기에서 나오는 다양함이 합쳐져 매우 웅장한 분위기가 연출됩니다. 악단이 구성된 것입니다. 찬양에 뿔 나팔, 수금과 비파, 손북, 현악기와 피리, 낭랑한 자바라, 우렁찬 자바라를 총동원하여 상상할 수 있는 가장 열정적이고 아름다운 방식으로 찬양하라고 말합니다. 하느님을 찬양할 때 온갖 악기를 동원하는 것은 하느님께 더욱 큰 영광을 돌리기 위함입니다.

참고로, 성경에서 언급하는 악기들은 용어가 분명하지 않고 설명 또한 희박하여 정확히 어떤 악기를 가리키는지 규명하기가 쉽지는 않습니다. 이스라엘의 역사에서 보면, 처음에는 나팔이 주로 사용되었으나 다윗 이후에는 관악기, 타악기, 현악기까지 동원되어 더욱더 다채롭고 화려한 음색을 낼 수 있는 수준으로 발전합니다. 성경에 따르면, 음

악에 일가견이 있던 다윗은 악기도 직접 만들었다고 합니다.(2역대 7,6)

시인은 음악으로도 모자라서 춤까지 추며 찬양하라고 말합니다. 춤은 훌륭한 찬양 가운데 하나로, 말로 다 표현하지 못하는 마음을 온몸으로 표현하는 '몸 기도'라고 할 수 있습니다. 음악 소리의 진동을 몸으로 느끼며 아름다운 선율에 맞춰 춤사위로 찬양하라고 초대하는 이 시편은, 마치 오케스트라, 합창단, 무용단이 다 함께 어우러져 모든 이를 찬양으로 끌어들이는 듯합니다. 기억해야 할 것은, 노래와 춤의 찬양이 그저 사람들의 흥을 즉흥적으로 표출하기 위한 목적이 아니라 한없이 위대한 하느님의 업적을 기리고 그분의 영광을 선포하기 위함이라는 점입니다.

실제로 이스라엘 역사 안에서 연주와 춤으로 하느님을 찬양한 예가 있습니다. 예루살렘으로 모시고 온 하느님의 계약 궤가 다윗성으로 들어갈 때, 다윗 임금은 그 사실이 너무도 감격스러워 체통 따위는 아랑곳하지 않고 악기 연주에 맞춰 껑충껑충 뛰며 춤을 추었습니다.(1역대 15,25-29) 시편 저자도 우리에게 하느님께 더 큰 영광을 돌리기 위해서 우리가 할 수 있는 가장 열정적이고 아름다운 방식으로 그분을 찬양하라고 권고합니다.

시편 146편에서 150편까지를 '할렐루야' 시편이라고 부르는 이유는, 이 시편들이 '할렐루야'로 시작하고 '할렐루야'로 끝나기 때문입니다. 이 다섯 편의 시편은 하느님 찬양을 점층적으로 강조합니다. 146편에서는 '찬양'의 주체가 개인이고, 147편에서는 공동체 차원의 감사와 찬양이 이어지며, 148편에서는 우주적 찬양으로 나아갑니다. 천사와 해와 달과 별, 하늘 위에 있는 물들, 불이며 우박, 눈이며 안개, 들짐승과 길짐승, 남녀노소 모두 함께 하느님을 찬양하는 모습은 상상만 해도 가슴이 벅찹니다. 149편은 세상을 주관하시고 역사를 다스리시는 하느님에 대한 찬양입니다. 이렇게 찬양이 점점 확장되는 것을 한눈에 볼 수 있습니다.

그런데 정작 시편 150편은 '찬양하여라'라는 말로 시작하며 찬양의 장소, 대상, 도구, 이유에 관하여 서술하지만, 찬양하는 주체에 대해서는 성급히 밝히려 하지 않습니다. 마치 '뜸 들이기'를 하며 완급을 조절하는 듯합니다. 그러다가 시편의 마지막 절에 이르러서야 비로소 찬양의 주체가 드러납니다. 앞 시편들처럼 찬양의 주체를 일일이 열거하지 않고 마지막 결론답게 "숨 쉬는 것 모두"라는 단 한마디에 찬양의 모든 주체를 담아 압축하고 있습니다. 하느님께서 창조하신 모든 것이 찬양의 자리에 초대받고 있는 것입니다. 이로써 시편이 추구하는 궁극적 목적은 하느님 찬양이며 경배임이 더 분명해집니다.

시인은 여러 가지 악기를 찬양에 동원하도록 독려하는데, 우리의 목소리도 여느 악기에 못지않은 훌륭한 악기에 해당합니다. 그런데 가장 좋은 악기는 바로 '우리의 삶'이라는 악기가 아닐까 생각합니다. 우리 삶으로 하느님을 찬양하는 일, 더없이 아름다운 선율로 울려 퍼지는 찬양이 될 것입니다. 하느님을 향한 감사와 기쁜 마음, 그것이면 삶의 찬양을 드리기에 충분합니다. '찬양의 책' 시편을 끝맺는 말로 '찬양하여라'라는 말보다 더 적절한 표현이 있을까요? 참으로 멋진 마무리입니다. 우리도 목소리로, 춤으로, 기도로, 삶으로 이 '할렐루야' 찬양 대열에 합류하면 어떨까요?

시편은 우리 가운데 현존하시는 하느님에 대한 인간의 온갖 응답을 표현하며, 다양한 삶의 순간들에 직면할 때 어떻게 기도해야 하는지를 가르쳐 줍니다. 율법서나 예언서처럼 하느님께서 사람에게 말씀하시는 형식이 아니라, 사람이 하느님께 말씀드리는 책 또는 사람이 하느님에 관해 말하는 책이라는 점에서 매우 독특하다고 하겠습니다. 시편은 '우리를 위하여' 말하는 책이자 '우리를 대신하여' 말하는 책입니다. 시편 시인들의 노래가 바로 우리의 노래가 되어, 우리 생애의 마지막 말도 '할렐루야'이기를 바랍니다.